KB090265

Muhammad Yunus

유누스,
빈곤 없는 세상을
꿈꿔 봐

내가 **꿈꾸는 사람** _ 사회 운동가
Muhammad Yunus

유누스,
빈곤 없는 세상을
꿈꿔 봐

초판 1쇄 2014년 7월 21일
초판 4쇄 2022년 5월 2일

지은이 김이경

책임 편집 김현경
마케팅 강백산, 강지연
표지디자인 권석연
본문디자인 유민경
사진제공 연합포토, 위키피디아, 플리커, 김이경

펴낸이 이재일
펴낸곳 토토북
주소 04034 서울시 마포구 양화로11길 18, 3층 (서교동, 원오빌딩)
전화 02-332-6255
팩스 02-332-6286
홈페이지 www.totobook.com
전자우편 totobooks@hanmail.net
출판등록 2002년 5월 30일 제10-2394호
ISBN 978-89-6496-194-0 44990
ⓒ 김이경 2014

· '탐'은 토토북의 청소년 출판 전문 브랜드입니다.
· 이 책의 사용 연령은 14세 이상입니다.
· 잘못된 책은 바꾸어 드립니다.

내가 **꿈꾸는 사람** _ 사회 운동가

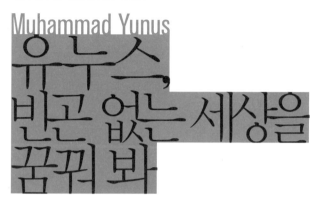

Muhammad Yunus

유누스, 빈곤 없는 세상을 꿈꿔 봐

김이경 지음

팀

누구도 가지 않은 길,
모험과 실험이 필요한 세상

여러분의 하루하루는 어떤가요? 혹시 학교와 학원을 쳇바퀴 돌 듯 다니고 있나요? 어쩌면 시험 성적이 좋지 않아 눈물을 흘린 친구도 있을 것 같아요. 제가 고등학교를 졸업한 지 벌써 10년이 훌쩍 넘었어요. 저는 고등학교를 졸업하면서 이런 생각을 했답니다.

'10년 뒤면 각자의 개성을 존중하고, 다양한 꿈을 응원하는 교육을 하겠지.'

그런데 지금 청소년들을 돌아보니 제가 고등학교에 다닐 때보다 더 많은 압박 속에 생활하고 있더군요. 요즘 학교에서는 단순히 점수에 맞춰 대학과 학과를 안내하는 진학 지도가 아니라, 청소년이 꿈을 찾을 수 있는 진로 지도를 하고 있어요. 하지만 자신의 꿈을 찾는 것은 특정 직업을 가진 분의 강연 한 번, 행사 몇 차례를 참관하는 것만으로 결정하기 어려운 일이에요. 당장 요리사도 되고 싶고, 기자도 되고 싶고, 의사도 되고 싶은 게 청소년들의 마음이니까요. 어쩌면 아무것도 되고 싶은 게 없다며 한숨을 짓는 친구도 있을 거예요.

저는 꿈이 없다고 풀이 죽어 있는 청소년을 만나면 이렇게 물어봐요. "의사나 교수 같은 직업이 아닌, 여러분의 꿈은 무엇인가요?" 이 질문을 들은 아이들은 눈이 동그랗게 커져요. 지금까지 직업과 꿈을 같은 것이라고 생각했기 때문이에요. 그동안 어떤 일을 하면 사회에 보탬이 되는지, 나의 욕구와 사회의 욕구를 찬찬히 생각할 여유가 부족했던 거예요.

그라민 은행으로 널리 알려진 방글라데시의 사회 운동가 무함마드 유누스의 꿈은 무엇일까요? 대학교수가 되는 것이었을까요? 아니에요. 바로 가난한 사람이 없는 세상을 만드는 거예요. 가난을 박물관으로 보내 버리자! 이것이 바로 그가 가진 원대한 꿈이 랍니다. 엄청나게 큰 꿈이죠? 우리 주위만 둘러봐도 길에 아무렇 게나 쓰러져 자는 사람도 있고, 가난한 나라에 여행을 가면 구걸 하는 꼬맹이들도 쉽게 볼 수 있는데 말이에요. 그런데 유누스는 자신의 꿈을 한 단계씩 실현해 나가요.

그는 일터였던 치타공 대학교 근처에 있는 마을에 찾아가 마을 사람의 생활을 조사하기 시작해요. 그때 유누스는 처음으로 알게 돼요. 마을 전체가 고작 우리 돈 3만 원의 빚 때문에 가난에 허덕 이고 있다는 걸요. 그는 고민하다 지갑에서 돈을 꺼내 그 빚을 갚 아 줬어요. 그런데 그의 머릿속에는 질문이 떠나지 않았어요. 한 번의 기부나 적선으로 그들의 삶이 나아지지 않는다는 걸 잘 알고 있었거든요. 더군다나 경제학 교수임에도 자신이 할 수 있는 건 아무것도 없다는 생각에 무기력해졌지요.

　이후 유누스는 가난한 사람을 위한 은행을 만들기 위해 애썼어요. 그런데 세상의 벽은 높았어요. 어느 은행도 가난한 사람을 믿고 돈을 빌려 주지 않았거든요. 그는 이전에 단 한 번도 은행을 직접 만들겠다는 생각을 하지 않았어요. 그런데 기존 은행이 가진 한계와 가난한 이들을 보고도 지나치는 무심함을 여러 차례 경험한 후 새로운 길을 가기로 결심해요. 바로 가난한 사람을 위한, 그들의 삶에 대한 열정을 믿는 은행을 만들기로 한 거예요.

　은행을 직접 만든다는 건 누가 봐도 힘든 일이었어요. 또 유누스처럼 안정된 직장을 가진 사람에게는 무모한 실험이었죠. 하지만 그는 '가난 없는 세상'을 만들기 위해 안정보다 모험을 선택했어요. 결국 그라민 은행은 세상 모두가 놀랄 만큼 성장했어요. 가난한 사람을 믿은 그의 결정이 옳았던 거예요. 가난한 이들은 그라민 은행에서 돈을 빌린 후 성실히 갚아 나갔고, 새로운 삶을 살기 시작했어요.

무엇보다 가난한 사람에 대한 사회적인 인식이 바뀌었어요. 그들도 여느 사람 못지않은 삶의 의지와 책임감을 가진 존재라는 것을 인정받은 거예요.

지금도 유누스는 쉬지 않고 세상을 향해 성큼성큼 걸어가고 있어요. 사회를 위한 활동을 꿈꾸는 젊은 사람들을 지원하는 단체를 만들어, 그들의 꿈을 응원하고 있답니다. 그의 모험은 어렸을 적 세계 여행을 한 그때부터 지금까지 계속되고 있어요. 정해진 길이 아닌, 자신만의 길을 만드는 모험과 실험을 일흔이 넘어서도 계속하고 있는 거예요.

여러분이 꿈꾸는 세상은 어떤 모습인가요? 어떤 꿈이어도 좋아요. 주위에서 그 꿈을 비웃고, 불가능하다고 말해도 꿋꿋하게 지켜나가면 좋겠어요. 우리 사회에는 이룰 수 없는 꿈을 꾸는 몽상가와 모험가가 필요하거든요. 그럼, 사회를 바꾸기 위해 모험을 마다하지 않은 유누스의 이야기를 들으며, 이 세상을 어떤 곳으로 만들지 상상해 볼까요?

김이경

3

Muhammad Yunus

사람에 대한 믿음이 기적을 만들었어

4

Muhammad Yunus

사회를 위한 기업이 필요해

5

Muhammad Yunus

유누스처럼 사회 운동가를 꿈꾼다면

사회 운동가 진로 탐구

1

Muhammad Yunus

세상은 모험과
도전으로 가득해

무작정 세계 여행!
배짱이 두둑한 아이

"지구 위의 모든 사람은 제대로 된 삶을 꾸려 갈
권리와 잠재력을 갖고 있습니다. 유누스와 그라민 은행은
문화와 문명의 다양성을 떠나, 가난한 사람도 일을 해서
자신의 발전을 이뤄낼 수 있음을 보여 주었습니다."

노벨 위원회, '노벨 평화상 선정 이유' 중에서

꼬마 유누스는 치타공 밖의 더 넓은 세상이 무척이나 궁금했어요. 그래서 보이 스카우트 활동을 열심히 했어요. 그런데 정말 신 나는 일이 일어나요. 캐나다에서 열리는 세계 보이 스카우트 대회에 참가하게 된 거예요! 대회를 마치고 유누스는 다른 아이들처럼 그냥 집으로 돌아왔을까요? 아니요, 친구들을 이끌고 세계 여행을 하며 환호성을 질렀답니다.

세상을 깜짝 놀라게 한 은행

가난은 박물관에나 있어야 합니다. (……) 가난한 사람, 특히 가난한 여성도 사람답게 살 수 있는 능력이 있고 그럴 권리를 가지고 있습니다. 그라민 은행의 소액 융자*는 이들의 가능성을 힘껏 도울 것입니다.

2006년 12월, 무함마드 유누스는 노르웨이 오슬로의 한 단상 앞에 서서 이렇게 말했어요. 그는 벅찬 수상 소감을 마친 뒤 아홉 명의 여성과 함께 자리했죠.

이 여성들은 흔히 말하는 커리어 우먼이 아니었어요. 농촌의 눈부신 햇볕에 그을린 흔적이 가득했고, 유럽에서는 보기 힘든 방글라데시 전통 복장을 하고 있었으니까요. 하지만 그들은 당당한 걸음으로 앞으로 나아갔어요. 그들을 본 모든 사람은 우레와 같은 박수를 보냈답니다.

"짝짝짝짝!"

2006년 12월은 유누스에게는 잊지 못할 날이에요. 방글라데시의 독특한 은행인 그라민 은행과 이 은행을 만든 유누스가 노

---

* **소액 융자** 은행을 이용하지 못하는 가난한 사람에게 적은 금액의 돈을 담보 없이 빌려 주는 것이에요.

벨 평화상을 받은 달이거든요. 그라민 은행은 가난한 사람이 가진 의지와 잠재력만 믿고 돈을 빌려 주는 은행이에요. 어느 은행도 돈을 빌려 주지 않아 외면당한 사람들에게 처음으로 손을 내민 거죠.

집을 사거나 사업을 시작할 때 자금이 부족하면 어떻게 해야 할까요? 대부분의 사람은 이럴 때 은행 문을 두드려요. 그런데 은행에서 돈을 빌리는 건 쉽지 않답니다. '신용'이라는 게 확인이 되어야 하거든요. 우리 사회에서 신용은 무엇일까요? 잘생겨서 인기가 많다거나 성적이 좋은 걸로는 부족해요. 대출을 받기 위해서는 돈을 갚지 못했을 때 이를 대신할 건물이나 땅이 있어야 해요. 이런 게 없다면 월급이 제때 나오는 번듯한 직장을 다니고 있든가요. 이런 걸 신용이라고 해요.

만약 집도 없고 건물이나 땅이 없는 사람은 어떻게 돈을 빌릴 수 있을까요? 더군다나 직업도 없고 무일푼인 사람이라면 말이에요. 이럴 경우, 대부분의 은행은 돈을 빌려 주는 걸 거부해요. 믿을 만한 게 없어서 빌려 준 돈을 떼일 확률이 높기 때문이에요. 그런데 그라민 은행은 모든 은행이 돈을 빌려 주기를 거부한 사람에게 기꺼이 대출을 해 주는 독특한 은행이랍니다.

1983년 방글라데시 농촌에서 탄생한 그라민 은행은 가난한 사람을 믿어 준 첫 번째 은행이에요. 그전에는 가난한 사람은 무

유누스는 그라민 은행을 이끄는 여성과 함께 노벨 평화상을 받았어요.

시당하기 일쑤였어요. 땅, 집, 직업, 어느 것 하나 가진 것이 없는 사람을 아무도 도와주지 않았어요. 정부마저도 이들을 외면했지요. 가난한 사람이 돈을 빌릴 수 있는 곳은 은행이 아니라 높은 이자를 받는 고리대금업자뿐이었어요. 가난한 사람은 높은 이자 때문에 더욱더 빈곤한 상태에 빠져들었고요.

가난한 사람을 믿어요

경제학과 교수였던 유누스가 그라민 은행을 만든 건 우연히 어떤 일을 접하면서였어요. 한 농촌 마을을 지나다가 마을에 있는 모든 사람이 빚에 허덕이며 굶주리는 생활을 하는 이유를 궁금하게 여긴 거예요. 조사해 보니 이들은 단돈 856타카약 3만 원 때문에 고통받고 있었어요. 유누스는 이 사실에 충격을 받고 해결 방법을 찾기 시작해요. 여러 은행과 싸워 가며 실험을 하게 된 거예요.

"가난한 사람에게 돈을 빌려 줘도 은행은 망하지 않습니다. 아뇨, 오히려 가난한 사람이 돈을 더 잘 갚습니다."

유누스는 가난한 사람을 믿지 않는 은행에 자신의 믿음을 보여 주고 싶었어요. 그래서 시작한 것이 그라민 은행이죠. 그라민 은행은 지금까지 800만 명이 넘는 가난한 사람에게 담보 없이 돈을 빌려 줬어요.

가난한 사람에게 대출을 해 주면 돈을 잘 갚지 않아 곧 은행 문을 닫아야 할지도 모른다고 생각할 수 있어요. 그런데 놀랍게도 그라민 은행에서 돈을 빌린 사람이 돈을 갚는 비율상환율은 무려 97퍼센트나 된답니다. 이건 기적 같은 일이에요. 보통 은행은 부자에게 거액을 빌려 주고도 떼이는 일이 더 많거든요.

그라민 은행에서 대출을 받아 아이를 학교에 보내고, 밥 세끼를 굶지 않으며, 깨끗한 집에서 지내는 가족의 수가 점점 늘어났어요. 가난한 사람이 빈곤에서 벗어나려는 의지를 믿은 결과는 대출자의 자립으로 이어졌지요.

이렇게 그라민 은행은 가난한 사람에 대한 편견과 고정관념을 바꿔 나갔어요. 또 새로운 아이디어로 가난한 사람을 빈곤에서 탈출하게끔 도왔어요. 이런 유누스와 그라민 은행의 활동은 세계 평화와 민주주의 확산에 기여했고, 그 공로를 인정받아 2006년에 노벨 평화상을 수상하게 되었답니다.

그라민 은행을 만든 유누스가 어떤 사람인지 궁금하지 않나요? 유누스는 부유한 집안에서 태어나 큰 어려움 없이 자랐어요. 미국 유학까지 다녀온 뒤 경제학과 교수가 되어 모두가 부러워하는 배경을 갖추고 있었죠.

하지만 그는 대학교수 자리를 내놓고 남들이 가지 않는 어려운 길을 뚜벅뚜벅 스스로 걸어갔어요. 교수라는 안정된 자리를 버리고 사회를 바꾸는 사람이 된 거예요. 가난한 사람을 위한 은행을 만든 유누스, 그에게 어떤 일이 일어났던 걸까요?

시끌벅적한 복서핫 20번지

유누스는 방글라데시의 수도 다카에 이어 두 번째로 큰 도시인 치타공에서 아홉 남매 중 셋째로 태어났어요. 방글라데시라는 나라는 뉴스에서 들어 본 적이 있을 거예요. 그래도 아직은 조금 생소하죠? 방글라데시는 보통 가난한 나라, 홍수 같은 자연재해가 많이 일어나는 나라로 알려져 있어요. 인구 밀도가 가장 높은 나라이기도 하고요. 땅 크기는 대한민국의 1.5배 정도인데, 인구가 1억 5000명이나 되거든요.

방글라데시는 남아시아에 위치해요. 위로는 파키스탄, 옆으로는 인도와 가까이 있답니다. 차례로 영국, 인도, 파키스탄의 지배를 받다가 1971년에 독립했어요. 식민 지배의 영향 때문에 아직까지 정치와 경제가 안정되지 못한 상태지요. 유누스는 1940년에 태어났는데, 그때는 방글라데시가 아니라 영국의 지배를 받고 있던 인도였어요.

유누스는 치타공에서 어린 시절을 보냈어요. 치타공은 큰 바다를 끼고 있는 항구도시예요. 무역이 활발하게 일어나기 때문에 방글라데시의 수도인 다카와 멀리 떨어져 있지만 '제2의 수도'라고 불린답니다. 유누스는 치타공의 옛 상업 지대 한복판에 있는 복서핫 20번지에 살았어요. 거리는 늘 떠돌이 장사꾼으로 가득했고 트럭과 마차로 북적였지요. 얼마나 시끌벅적했는지 그는 이곳을 하루하루가 축제인 공간으로 기억할 정도랍니다.

유누스가 살던 이층집의 아래층에는 아버지가 하는 보석 가게가 있어서 심심할 때면 보석 세공하는 걸 구경하곤 했어요. 아버지는 할아버지가 경영하던 보석상을 물려받아 운영하고 있었거든요. 아버지의 사업은 날로 번창했어요. 덕분에 남부럽지 않은 어린 시절을 보낼 수 있었답니다. 아버지는 독실한 이슬람 신도였지만 열린 사고방식을 가진 분이었어요. 어머니는 곤경에 처한 사람을 보면 모른 척 넘어가는 일이 없을 정도로 친절했고요.

"유누스, 저곳에 잠시 들렀다 가자."

어머니는 가난한 사람을 그냥 지나치지 못했어요. 잘 알지 못하는 사람일지라도 누군가 곤경에 빠지면 그들을 돕는 데 앞장섰어요. 유누스는 지금도 남을 자식처럼 돌보는 어머니의 성품을 자신이 물려받은 게 아닐까 생각하곤 한답니다. 그런데 어머니는 유누스가 아홉 살이 되던 해, 병이 들어 어린 그의 마음을 아프게 했어요.

세상은 모험과 도전으로 가득해

"저리 썩 물러나라! 너는 누구길래 내 옆에 있는 거냐! 훠이 훠이!"

어머니는 갑자기 성격이 변해 버렸어요. 마치 어머니 주위에 누군가 있는 것처럼 고함을 지르고 욕을 했지요. 유누스는 그런 어머니를 볼 때마다 가슴이 찢어졌어요. 누구보다 가족을 위하고 다른 사람을 보살필 줄 알던 어머니의 변화를 쉽게 받아들이기 어려웠으니까요.

그런데 이런 상황에서도 아버지는 놀랄 만큼 굳건했답니다. 아버지는 어머니를 치료할 방법을 찾아 전국 방방곡곡을 돌아다녔어요. 하지만 어머니의 병은 나아지지 않았고, 오히려 병환은 점점 깊어 갔어요. 유누스와 가족은 어머니의 상황을 묵묵히 받아들일 수밖에 없었지요.

다행히 유누스는 아버지의 변함없는 행동 덕분에 마음을 다잡을 수 있었어요. 아버지는 어머니가 아파도 처음 어머니를 만났을 때처럼 소중히 여겼거든요. 유누스는 아버지와 함께 아픈 어머니를 돌보며 꿋꿋하게 삶을 꾸려 갔답니다.

유누스의 집은 아홉 남매가 살고 있어서 늘 분주했어요. 이슬람 사회의 특성상 친척이나 이웃과 함께하는 시간이 많아 어른 아이 할 것 없이 북적였지요.

유누스가 초등학교에 다닐 때는 방글라데시가 영국의 식민지에서 독립할 무렵이었어요.

"국경선은 어떻게 그어질까?"

"독립 국가를 세워야 하는데 도통 일이 어떻게 진행되는지 알 수가 없네."

"이번 기회에 반드시 인도에서 분리돼야 해!"

어른들은 늘 거실에 모여 나라가 어떻게 돌아가는지를 토론했어요. 유누스와 형제들은 이런 분위기에서 사회와 역사를 자연스럽게 익힐 수 있었답니다. 그리고 마침내 1947년, 방글라데시는 인도에서 독립을 했어요.

"만세! 드디어 인도에서 독립했다!"

"만세! 만세! 만세!"

유누스의 집은 깃발과 꽃 장식으로 뒤덮였고, 거리는 만세를 부르는 사람들로 가득했어요.

"우리 같이 기쁨의 폭죽을 터뜨리자!"

유누스는 형, 동생들과 지붕 위로 올라가 폭죽을 터뜨리며 독립을 기뻐했어요.

세상이 너무 궁금한 소년

"철컥!"

"아버지가 올라오시나 봐. 어서 서둘러!"

유누스는 아버지가 일을 마치고 집에 돌아오는 시간에는 아래층에 귀를 기울였어요. 장난을 멈추고 책을 읽는 척해야 했거든요. 아버지는 평소에는 엄하지 않았지만 교육만큼은 철저했어요. 늘 자식들이 새로운 세상을 보고 자랄 수 있도록 지원을 아끼지 않았지요.

유누스는 여러 가지 분야에 관심이 많았어요. 잡지, 탐정 소설 등 읽을 수 있는 모든 걸 손에 잡히는 대로 읽었어요. 길모퉁이에 있는 병원 대기실에 앉아 시사 잡지를 읽을 만큼 다양한 분야의 지식을 쌓았답니다. 언젠가는 어린이 잡지가 보고 싶어서 이벤트 당첨자인 양 잡지사에 전화해 잡지를 받아낸 적이 있을 정도예요. 그는 다양한 글을 읽으면서 더 넓은 세상이 궁금해졌어요.

"보이 스카우트라고? 흠, 공부에 지장이 있지 않겠니? 만약 그렇다면 나는 반대다."

아버지는 공부에 방해가 될까 봐 처음에는 유누스가 원하던 보이 스카우트 활동을 꺼렸어요.

"보이 스카우트 활동을 하게 되면 공부를 더 열심히 할게요. 믿어 주세요!"

유누스는 걱정하는 아버지에게 이렇게 호언장담했고, 보란 듯이 고등학교 때까지 장학금과 우등상을 놓치지 않았어요. 치타공의 모든 고등학교가 치른 시험에서 우수한 성적을 받아 매달 장학금까지 받게 되었어요. 아버지는 그제야 아들을 믿고 어떤 활동을 하더라도 그를 적극적으로 응원했답니다.

보이 스카우트에 가입하고 1953년이 되던 해, 유누스는 드디어 치타공을 벗어나 더 넓은 세상을 볼 기회를 얻어요.

"자, 우리는 이제 기차를 타고 인도로 횡단해서 제1회 파키스탄 전국 잼보리 대회에 참석할 거예요."

그는 14년간 살던 치타공을 벗어나 다른 지역을 탐방한다는 사실에 들떴어요.

'와! 늘 책에서만 보던 역사의 현장에 드디어 가 보는구나!'

보이 스카우트는 쿠아지 선생님의 인솔로 인도를 횡단하며 타지마할 같은 유명한 유적지를 방문했어요. 이때 유누스는 인원수를 체크하거나 위험한 행동을 하는 친구가 없는지 확인하는 임무를 맡았답니다.

당시 학생을 인솔했던 쿠아지 선생님은 타지마할에 도착하자 말없이 눈물을 흘려요. 인도에 있는 타지마할은 웅장하고 멋진 궁전이에요. 책에서만 보던 타지마할을 본 아이들은 소란을 떨다가 쿠아지 선생님의 눈물을 보고는 이내 조용해졌어요. 그런데 이때 유누스는 선생님의 눈물에서 한 가지 의미를 발견했대요.

'아, 선생님은 혼란스러운 우리나라에서 살아 갈 학생들을 걱정하고 있구나. 역사의 짐을 짊어지고 있는 우리를 보고 안타까워하시는구나…….'

유누스는 이 일을 계기로 쿠아지 선생님을 정신적 스승으로 생각하게 돼요. 쿠아지 선생님은 그에게 많은 가르침을 주었어요.

"남에게는 관대해도 자기 자신에게는 엄격해야 한단다."

유누스는 쿠아지 선생님에게 리더십과 자신을 통제하는 방법을 배웠고, 이는 그가 사람을 대하거나 어떤 일을 결정할 때 많은 도움이 되었답니다.

이대로 집에 돌아가기 싫어

인도를 다녀온 지 2년이 지나 유누스는 더 넓은 세상을 만나게 된답니다. 고등학교 때였죠.

"유누스, 캐나다에서 세계 보이 스카우트 대회가 열린단다. 이곳에 가서 다양한 나라의 친구들을 만나고 오렴."

학업 성적도 좋고 리더십까지 갖춘 그는 몇몇 친구들과 방글라데시 치타공 보이 스카우트를 대표해 1955년 캐나다에서 열리는 세계 보이 스카우트 대회에 참가하게 돼요. 캐나다까지 날아간 그는 모든 게 새로웠어요. 비행기를 타고 먼 길을 떠났다는 게 어리둥절하기도 했고요. 방글라데시보다 산업 기술이 발달한 캐나다가 신기하기도 했지요. 무엇보다 길에서 구걸하는 사람이 한 명도 없다는 사실에 놀랐어요. 길은 반듯하게 닦여 있고 깨끗했어요. 하지만 유누스는 위축되지 않고 방글라데시 치타공 대표로 당당히 행사에 참석했답니다.

그런데 대회가 끝나고 돌아올 채비를 하던 차였어요. 같이 간 친구가 깜짝 놀라 그를 부르는 거예요.

"이것 봐, 유누스. 방글라데시로 돌아가는 비행기 값이 이렇게나 비싸!"

"세상에! 이 비용이면 육로로 다른 나라를 거쳐 가도 남겠는데?"

"정말이네. 그런데 그렇게 가면 너무 오래 걸리지 않을까?"

"그래도 다른 나라가 너무 궁금하지 않아? 우리 비행기 타는 대신 육로로 이동하자. 내가 책임질게!"

유누스에게 어떤 배짱이 있었는지 몰라도 그는 비행기를 타지 않고 여행하는 길을 택했어요. 그것도 보이 스카우트 팀을 이끌고요. 먼저 캐나다에서 미국으로 넘어가 워싱턴과 뉴욕에 들렀어요. 그러고는 배를 타고 영국으로 건너갔어요. 그 다음엔 유럽 대륙으로 이동해 독일로 가서 폭스바겐 소형 버스 세 대를 빌렸어요.

"자, 가고 싶은 곳을 불러 봐. 이제 우리는 자유롭게 이동할 수 있어!"

유누스와 친구들은 신나게 환호성을 질렀어요. 치타공에서는 느낄 수 없던 자유를 만끽했지요. 유누스는 이때를 이렇게 회상해요.

"다음에 어디로 갈지는 지도를 보고 정했죠. 모든 것이 마치 영화에서나 일어나는 장면 같았습니다."

그들의 여행은 한 마디로 모험이었어요. 외국에 처음 나와 보는 고등학생들이 지도 하나만 덜렁 가지고 좌충우돌하는 여행이었으니까요. 그때는 스마트폰도, 인터넷도 없던 시절이라 길 찾기도 쉽지 않았을 텐데 말이에요. 결국 유고슬라비아에서 차 한 대가 고장 나고 말았답니다.

"어쩌지? 더 이상 시동이 걸리지 않아."

"그럼 자리가 좁더라도 두 차에 끼어 타고 이동할 수밖에."

좁은 자리에 꽉 끼어 앉은 친구들은 이라크로 간 뒤 배를 타고 파키스탄에 도착했어요. 그런데 유누스는 집으로 곧장 가고 싶지 않았어요. 어떻게 얻은 자유의 시간인데, 그걸 유누스가 놓칠 리 없었죠. 그는 한 친구와 결의를 다졌어요.

"이대로 집에 가긴 너무 아쉽잖아. 난 좀 더 세상을 알고 싶어. 우리 함께 가자!"

친구도 흔쾌히 동의했어요. 유누스와 친구는 인도의 델리, 콜카타, 뭄바이를 두루 둘러보고 고향인 치타공으로 돌아왔어요. 한 번에 올 수 있었던 길을 둘러 둘러 온 거예요. 청소년 시절, 유누스가 한 경험은 공부에 찌들어 대학만을 바라보던 세상에서 더 큰 꿈을 꾸게 했답니다.

영국 유학을 포기하다

> 축하합니다. 정부 장학생으로 선정되어 영국으로 유학을 갈 경우
> 장학금이 지원됩니다.

고등학교를 졸업할 무렵, 유누스에게 기쁜 소식이 전해졌어요. 정부 장학생으로 영국 유학을 갈 수 있게 된 거예요! 더 넓은 세상을 갈망했던 유누스에게는 더할 나위 없는 기회였어요. 그래서 그는 바로 유학길에 올랐을까요?

'너무나 좋은 기회야. 그런데 왜 이렇게 망설여지는 거지?'

주위에서는 축하 인사를 보냈지만 유누스는 계속 머뭇거리고 있었어요. 방글라데시가 인도에서 독립했을 때 다 함께 기뻐했던 그 순간을 떠올리면서요. 거리는 축제 분위기였고, 독립한 기쁨으로 형형색색의 폭죽이 밤하늘을 울긋불긋 물들였지요. 그는 인

도에서 독립했지만 여전히 동파키스탄과 서파키스탄으로 나뉘어 혼란스러운 고향을 떠날 수 없었어요.

당시 유누스가 살던 나라는 파키스탄이라는 이름으로 독립했는데, 문화적인 차이와 정치적인 차별 때문에 동쪽과 서쪽으로 나뉘어 있었어요. 서쪽 지역에 위치한 서파키스탄은 우르드어라는 언어를 사용하고 공업이 발전했어요. 반면 동파키스탄_{유누스가 살던 곳. 현재 방글라데시}은 벵골어를 쓰고 주로 농업을 했고요. 경제적인 격차가 정치적인 차별로 이어지는 문제까지 복잡하게 얽혀 있었죠.

'지금 우리나라는 혼란스러워. 앞으로 어떻게 될지 모르는 긴박한 상황이야. 내가 만약 이곳을 떠나 영국으로 간다면, 난 조국에 대해서 아무것도 모르는 사람이 될 거야.'

유누스는 결심이 서자 가족에게 선언했어요.

"저는 영국에 가지 않을 거예요."

가족들은 깜짝 놀랐어요.

"그게 무슨 말이니? 다른 사람은 가고 싶어도 못 가는 귀한 기회야. 다시는 안 올지도 모른다고. 도대체 이유가 뭐니?"

유누스는 천천히 대답했어요.

"제가 만약 지금 영국에 가면 전 이 땅에 대해서 아무것도 모르는 사람이 될 거예요. 영국 장학생은 좋은 기회예요. 하지만 이번에는 포기하겠습니다. 대신 전문학교에 입학한 뒤 치타공 대학교로 진학하겠어요."

아무도 그의 결정을 말릴 수 없었어요. 당시 파키스탄의 상황은 정말 어려웠거든요. 방글라데시라는 독립된 국가가 생기지도 않은 때였으니까요.

사회를 향한 목소리

유누스는 치타공에 있는 전문학교에 입학했어요. 수학과 과학에 재능을 보였지만 예술 분야에도 관심이 많아 연극배우로 활동하기도 했답니다.

"그때 한 공연에서 미친 과학자 역할을 맡았어요. 얼마나 생생하게 연기했는지 공연이 끝난 뒤 박수갈채가 쏟아졌어요."

유누스는 당시 예술에 대한 관심을 불태우며 학교를 다녔다고 기억해요. 공부 외에도 다양한 활동에 관심을 기울였는데, 특히 출판에 관심이 많았어요.

'내 생각을 많은 사람에게 전하려면 소통할 수 있는 도구가 필요해. 그래, 신문이 좋겠어!'

그래서 유누스는 〈도파타 신문〉을 발행하기 시작했어요. 도파타는 '두 쪽'이라는 뜻이랍니다. 직접 기사를 쓰고 풍자만화도 그렸지요. 전문학교를 마치고 치타공 대학교에 다닐 때는 〈우타란〉이라는 잡지를 발간해 전국에 배포하기도 했어요. 우타란은 '진보'라는 의미예요. 진보적인 문학에 대한 열정으로 만들어 낸 그의 창작물이죠.

　이렇게 유누스는 10대 후반을 문학과 사회 활동을 접목시키는데 열중했어요. 자신의 의견에 다른 사람이 동의할 수 있도록 글을 쓰고 그림을 그리면서, 설득의 방법을 스스로 배워 나갔어요. 학교에 가만히 앉아 수업을 듣는 것을 넘어 자신의 길을 조금씩 만들어 간 거죠. 그의 모험은 계속 이어진답니다.

돈보다 세상을
더 알고 싶어

"나의 관심사는 돈이 아니었다.
사업가가 되고 싶은 생각은 추호도 없었고,
다만 나 자신의 역량을 시험해 보고 싶었을 뿐이다."

무함마드 유누스

유누스는 치타공 대학교 경제학과 교수가 되었어요. 종이 상자를 만드는
공장을 차려서 사업가로도 크게 성공했고요. 하지만 미국에서 장학생으로
공부할 수 있는 기회가 생기자, 주위의 걱정에도 아랑곳하지 않고 망설임
없이 유학을 떠나요. 교수와 사업가라는 안정된 자리를 마다하고요.

성공한 사업가이자 대학교수

유누스는 치타공 대학교에서 문학이나 예술이 아닌 경제학을 전공으로 선택했어요. 졸업을 하고서는 곧바로 자신이 다녔던 대학에서 학생을 가르쳤지요. 보통은 대학원에 진학하거나 유학을 다녀온 뒤에 학생을 가르칠 수 있지만, 이때는 대학까지 졸업한 사람이 드물었어요. 한국도 일본에서 독립한 후 경제 발전을 하기 전까지는 대학을 졸업하기만 해도 교수가 될 수 있었던 걸 보면, 유누스의 경우가 그리 특이한 건 아니에요.

유누스가 치타공 대학교에 교수로 부임한 건 스물두 살 때였어요. 그가 가르치는 학생이 대부분 10대 후반에서 20대 초반이었으니 자기 또래를 가르치는 셈이었달까요? 어린 시절부터 항상 새로운 걸 시도해 왔던 그는 학교에서 학생을 가르치는 일만으로는 뭔가 부족하다고 느꼈어요. 유누스는 또다시 새로운 길을 찾기 시작했죠. 그러던 어느 날, 상품을 포장하는 상자가 눈에 들어왔어요.

"이 상자는 어디에서 만드나요?"

유누스의 질문에 상점 주인은 무심한 듯 대답했어요.

"모조리 위쪽에서 갖고 옵니다."

"위쪽이라뇨?"

"서파키스탄 말이요. 이 근처에는 이런 상자를 만드는 공장이 한 군데도 없어서 모두 수입해서 쓸 수밖에 없어요."

'이거다! 동파키스탄에 상자를 만드는 공장을 세우는 거야!'

유누스는 속으로 쾌재를 불렀답니다. 그는 당장 아버지에게 달려갔어요.

"아버지, 좋은 아이디어가 떠올랐어요. 서쪽 파키스탄에서만 만드는 상자를 우리 지역에서도 만들면 굳이 먼 곳에서 수입할 필요가 없어요. 사업이 가능하지 않을까요? 공장에서 담뱃갑이나 포장 상자, 화장품 상자 같은 종이 상자를 만드는 거예요."

아버지는 묵묵히 유누스의 이야기를 들으면서 고개를 끄덕였어요. 사업을 도와주겠다는 의미였지요. 그는 아버지에게 사업 자금을 지원받았어요. 여기에 산업은행에서 돈을 더 빌려 공장을 차렸답니다.

사업은 곧 이익을 내기 시작했어요. 그야말로 대성공이었죠. 유누스가 세운 공장은 인쇄 시설까지 갖추고 있어서 포장 상자는 물론 다양한 상품을 만들 수 있었어요. 상인의 다양한 요구를 맞춰 주는 공장이니 인기가 많을 수밖에요. 심지어 산업은행에서는 천만 타카 약 1억 원를 더 빌려 줄 테니 사업을 확장하라고 재촉할 정도였어요. 사업이 성공하자 유누스는 큰 자신감을 갖게 됐어요.

'그래, 뭐든지 할 수 있어! 시도하지도 않고 머뭇거리지 말자!'

더 넓은 세계, 미국으로 갈 거야

교수와 사업가, 두 가지 일을 동시에 하느라 정신없는 날들이 이어졌어요. 그러던 중 미국 풀브라이트 위원단Fulbright Commission에서 연락이 왔답니다.

축하합니다. 풀브라이트 장학생으로 선정되었습니다.

풀브라이트는 미국에서 지원하는 장학 제도인데, 전 세계 사람을 대상으로 모집하고 해마다 장학생을 선정하고 있어요. 유누스는 풀브라이트의 도움으로 미국에서 경제학을 공부할 기회를 얻은 거예요. 하지만 주위 사람들은 사업에 성공해서 경제적으로 안정된 그가 모험을 떠나길 원하지 않았어요.

"유누스, 몇 년만 더 애쓰면 사업이 정점을 찍을 거야. 미국으로 가면 고생만 할 뿐이잖아."

"넌 성공한 사업가이자 대학교수야. 괜히 다른 생각 하지 말아라."

유누스는 사업이 성공해서 기뻤지만 대학에서 학생을 가르치는 것만큼 보람되지는 않았어요. 그는 누군가를 가르치는 일을 무척 좋아했거든요. 또 돈을 벌 수 있다는 걸 다른 사람에게 증명하고 싶었을 뿐, 사업가로 자신의 진로를 정해 둔 것도 아니었어요.

"더 이상은 고민하지 않아요. 미국으로 공부하러 갈 거예요. 다른 세상을 알고 싶어요. 사업은 가족에게 맡길게요."

유누스는 서슴지 않고 미국행을 선택했어요.

수줍은 방글라데시 유학생

미국 테네시 주 내슈빌Nashville이라는 지역으로 유학을 간 유누스는 미국의 개방된 문화에 깜짝 놀랐어요. 록 음악이 선풍적인 인기를 끌던 때라 캠퍼스에는 록 음악이 쿵쾅쿵쾅 울려 퍼지고 있었지요. 학생들은 음악을 뒤로 한 채 교수와 자유롭게 토론을 했어요. 여학생은 캠퍼스 잔디 위에 신발을 벗어 두고 친구들과 자연스럽게 어울려 놀았고, 남학생과도 격의 없이 지냈어요. 지금의 우리에게는 익숙한 풍경이지만, 유누스는 마치 다른 세계에 온 것만 같았답니다.

방글라데시는 학생과 교수의 구분이 철저해요. 그래서 학생이 교수에게 쉽게 말을 걸거나 질문을 하지 않아요. 또 여성에게 개방된 문화가 아니기 때문에 여학생은 적극적으로 행동하기보다는 수줍은 편이에요. 연극처럼 적극성이 필요한 특별 활동을 즐기는 여학생이 거의 없었죠. 그런데 미국에서는 여학생도 수업이나

세상은 모험과 도전으로 가득해

동아리 활동에 활발하게 참여했어요.

"안녕! 어디서 왔어요? 내 이름은 셰릴이에요."

유누스는 식당에서 당당히 인사를 건네는 여학생을 보며 속으로 깜짝 놀랐어요. 그러고는 여학생의 눈을 쳐다보지도 못하고 쑥스러워 피해 버렸어요. 그는 미국에서 방글라데시와는 완전히 다른 문화를 만났어요. 때로는 개방된 문화에 움츠러 들기도 했지요. 파티가 열리면 다들 신나게 춤을 추는데, 그는 그저 그들을 바라보기만 했어요. 춤을 배워 본 적이 없으니까요. 유누스는 미국에서 보냈던 시절이 자신의 인생을 바꾸었다고 이야기해요.

"내 인생이 완전히 바뀌었죠. 나는 미국에서 사람들이 자신이 좋아하는 일을 할 수 있다는 사실을 알았습니다. 자기가 느끼는 대로 말할 수도 있고요. 방글라데시에서는 사람을 계획된 테두리 안에 맞추려고만 하거든요."

미국에서 방글라데시 독립을 외치다

"당시 유누스는 공부만 하는 학생이 아니라,
사회가 돌아가는 방식을 정확히 알고 있는 전략가 같았다."

무잠멜, 그라민 은행 임원

여러분에게 대한민국은 어떤 의미인가요? 유누스는 미국 유학을 마치고
하루 빨리 고향에 돌아가 나라를 위해 무엇이든 해야 한다고 생각했어요.
그런데 방글라데시에서 독립 전쟁이 일어났어요. 귀국이 힘들어지자 그는
이리저리 뛰어다니며 조국의 독립을 위해 애썼어요. 그 결과는요? 그토록
바라던 대로 독립을 이룬 방글라데시로 돌아갔답니다.

고향에서 날아온 소식

'내가 배운 이 많은 지식을 언제 고향에 가서 쓸 수 있을까?'

미국 생활은 늘 새롭고 흥미진진했지만 고향에 대한 그리움은 날로 깊어졌어요. 미국과 방글라데시를 오고 가는 비싼 비행기 삯 때문에 쉽게 움직일 수도 없었죠. 주위 친구들은 미국에서 더 오래 지내기 위해 비자를 연장하는 경우가 많았는데, 유누스는 그와 반대였어요. 얼른 공부를 마치고 고향으로 돌아갈 날만 기다렸어요. 친구들은 이런 그를 이해하지 못했어요.

"유누스, 혼란스러운 고향으로 돌아간들 무슨 할 일이 있겠어. 미국에 온 것만으로도 행운이라고 생각해. 여기서 누릴 수 있는 건 모두 누려 봐."

하지만 유누스는 친구들과 생각이 달랐어요.

"너희 말이 맞아. 허구한 날 서파키스탄과 다투고 경제는 불안 정한 나의 고향, 그곳에서 내가 할 수 있는 일이 뭔지 나도 잘 몰라. 하지만 난 이곳이 감옥처럼 느껴져. 경제학 수업을 열심히 듣고 학점을 잘 받아도 그런 지식을 쓸 수 있는 곳이 없다고."

유누스는 많은 지식이 머릿속에 있지만 이를 실제로 활용할 수 없는 자신의 처지를 생각하면 허무하기만 했어요. 그래서 얼른 고향에 돌아가 고국을 위해 무엇이든 해야 한다는 사명감을 품고 있었답니다.

혼란스럽고 외로운 유누스를 달래 준 건 밴더빌트 대학교Vander-bilt University 도서관에서 만난 베라 포로스텐코였어요. 그녀는 밤색 머리에 푸른 눈동자를 가진 예쁜 여학생이었어요. 먼저 말을 건넨 건 베라였지요.

"어느 나라에서 왔나요?"

그녀의 물음에 유누스는 긴장된 목소리로 대답했어요.

"파키스탄에서 왔습니다."

베라는 빙긋 웃고는 긴장하고 있는 그를 바라보며 또 질문을 했어요.

"파키스탄 어느 지역이요? 파키스탄은 동쪽과 서쪽으로 나뉘어 있다고 들었어요."

유누스가 동파키스탄 출신이라고 대답하자 베라는 그곳에 사는 사람들은 어떻게 생활하는지 궁금해했어요. 베라는 소련현재 러시아에서 태어났거든요. 어릴 때 전쟁이 일어났는데, 그 뒤 가족 모두 미국으로 이민을 와서 정착한 이주민이에요. 그 영향 때문인지 그녀는 대학원에서 러시아 문학을 공부하고 있었답니다.

서로에 대해 질문하며 웃음이 끊이지 않던 두 사람은 얼마 후 연인이 되었어요. 유누스는 베라를 사랑했지만 미국에서 오랫동안 살 생각이 없었기 때문에 그녀와 미래를 그리기가 쉽지 않았어요. 하지만 베라는 방글라데시에 갈 각오가 되어 있었지요.

결국 그녀는 유누스를 설득했고, 두 사람은 1970년 미국에서 결혼했답니다. 그 뒤 박사 학위도 무사히 받아 귀국을 준비하고 있었어요. 그런데 그때 방글라데시에서 독립 전쟁이 일어나요. 격렬한 대립으로 많은 피해자가 생겼고, 방글라데시 사람들이 목숨을 잃었다는 기사가 연일 신문 1면에 실렸어요.

"베라, 귀국은 잠시 미루는 게 좋겠어. 지금 고향으로 갔다가는 무슨 일이 일어날지 모르니까 말이야."

베라는 걱정스러운 표정으로 유누스에게 앞으로 어떻게 할지를 물었어요.

"나는 벵골 사람이라는 데 자부심을 갖고 있어. 우리 문화와 언어, 지역을 지켜야지. 고국에 돌아가기 전까지 미국에서 독립 운동을 해야겠어."

조국에서 벌어지는 일을 알려야 해

방글라데시의 독립 전쟁은 예상치 못한 일이었지만 유누스는 크게 놀라지 않았어요. 언젠가 한 번은 일어날 일이라고 생각했거든요. 방글라데시는 복잡한 역사를 갖고 있어요. 대부분의 식민지 국가들은 방글라데시만큼이나 머리가 아플 정도로 역사가 복잡해요.

1947년으로 거슬러 올라가면, 당시 방글라데시는 인도에 속해 있었어요. 그런데 인도의 지배를 받은 게 아니라 영국의 통치를 받았어요. 영국이 인도를 지배하고 있었거든요. 그러다가 1947년 인도에서 독립한 뒤 방글라데시가 있는 벵골 지역은 파키스탄이라는 국가로 분류돼요.

하지만 평온함은 잠깐이었을 뿐 다시 혼란기로 접어들어요. 동파키스탄과 서파키스탄으로 나뉘게 되거든요. 두 지역은 이슬람교를 믿는 것 빼고는 공통점이 없었어요. 서파키스탄은 공장이나 산업 시설이 발달했고 우르드어라는 언어를 썼어요. 반면 동파키스탄은 대부분 농사를 지었고 벵골어라는 지역 언어를 사용했지요.

서파키스탄은 경제력을 무기로 동파키스탄을 지배하려고 했어요. 우르드어를 유일한 공용어로 선포하고, 부의 분배도 서쪽 지역에만 유리하게 정책을 펼쳤거든요. 결국 동파키스탄 사람들은 화를 참지 못하고 시위를 벌였어요. 총과 칼을 쓰기도 하고 불이 나거나 폭탄이 떨어지는 경우도 있었답니다.

"우리는 벵골어를 쓰는 벵골 사람이다! 우르드어 강제 사용에 반대한다!"

"강압적인 파키스탄으로부터 독립을 원한다!"

세상은 모험과 도전으로 가득해

유누스는 고향에서 들려오는 소식에 귀를 기울였어요. 무잠멜이라는 고향 친구와 워싱턴에 머물면서 무엇을 할지 고민했지요. 무잠멜은 유누스가 치타공 대학교에서 가르치던 학생이었기 때문에 둘은 호흡이 잘 맞았어요.

"유누스, 우리에게 시련이 닥쳤지만 지금이 독립을 맞을 수 있는 최고의 시기겠지? 그래도 무서운 일이 일어날 게 불 보듯 뻔해. 그래서 어쩌면 최악의 시기이기도 하겠지."

"무잠멜, 우선 미국 정부가 파키스탄에 군사적 지원을 하는 걸 멈추게 하는 게 필요하지 않을까? 미국 사람도 우리나라에서 무슨 일이 일어나는지 알아야 해! 힘을 합쳐 이 일을 알리자!"

유누스는 학창 시절부터 꾸준히 해 온 인쇄 업무를 시작했어요. 멀리 있는 아시아 국가에서 어떤 일이 일어났는지 널리 알려야 도움을 받을 수 있으니까요. 그는 소식지를 만들어 여기저기 뿌리기 시작했어요.

"이걸로는 부족해. 상원 의원과 하원 의원을 조사해 보자. 이들이 어떤 배경을 갖고 있고, 어떤 문제에 표를 던지는지, 가장 신뢰하는 비서관이 누군지 모든 걸 알아내자. 그리고 우리의 독립을 도와 달라고 하자."

"좋은 생각이야, 유누스. 그럼 난 미국에서 유명한 벵골 사람들의 우편 목록을 만들어 볼게."

무잠멜은 당시 유누스가 공부만 하는 학생이 아니라, 사회가 돌아가는 방식을 정확히 알고 있는 전략가 같았다고 이야기해요. 또 당시 경제 자문관으로 미국을 방문한 무히드는 유누스를 이렇게 기억해요.

"그는 벽보를 만들고 기자를 부르느라 너무나 바빴죠. 집회 허가를 받기 위해 이리 뛰고 저리 뛰는 모습을 보니 대단하다는 말밖에 나오지 않더군요."

유누스는 고국의 독립을 위해 쉬지 않고 일했어요. 그들의 노력이 어느 정도 영향을 미쳤는지는 정확히 알 수 없지만, 미국은 파키스탄에 군사 원조를 중단했답니다.

사랑하는 내 나라를 위하여

그 즈음 벵골 사람들은 파키스탄 정부군의 유혈 진압에 맞서 무장 투쟁을 벌이고 있었어요. 벵골 국가라는 뜻의 '방글라데시 공화국' 출범도 선포한 상황이었지요. 무려 아홉 달 동안 내전을 벌이고, 100만 명이 넘는 사람이 목숨을 잃고 나서야 방글라데시는 독립할 수 있었어요. 그때가 1971년 12월이에요.

'이제 돌아갈 준비를 하자.'

유누스는 미국에서의 생활을 정리하기 시작했어요. 그는 미국

중부 지역에 있는 테네시 주립대학에서 강의를 맡고 있었는데, 미국에서의 보장된 삶을 마다하고 귀국을 준비했어요.

"누차 얘기했지만 방글라데시는 당신같이 개방된 여성이 살기에 적합하지 않은 곳이야. 함께 방글라데시로 가도 괜찮겠어?"

그는 고국으로 돌아간다는 부푼 마음 한편으로 부인 베라가 걱정됐어요. 하지만 베라는 씩씩하게 적응하겠다고 거듭 약속했지요. 그제야 마음을 놓은 유누스는 1972년 6월에 방글라데시로 돌아왔어요. 그가 귀국하자 많은 사람이 놀랐죠. 혼란스러운 방글라데시보다 안정된 미국이 훨씬 살기 좋다고 생각했으니까요.

"늘 고향으로 돌아오는 걸 꿈꿨습니다. 방글라데시를 재건하는 데 제가 배운 지식이 조금이라도 도움이 되지 않겠어요?"

돌아온 고향은 유누스가 생각한 것보다 훨씬 비참했어요. 수많은 사람이 전쟁으로 부모, 형제를 잃고 거리로 나앉았어요. 천만 명이 넘는 사람이 집을 잃고 굶주려 떠돌아다녔지요. 유누스는 자신이 해야 할 일을 찾아야 했답니다. 그리고 운 좋게도 국가건설위원회 위원으로 일할 수 있는 기회를 얻었어요. 그는 위원회에 들어갔으니 뭔가 도움이 되는 일을 할 수 있을 거라는 들뜬 마음으로 가득했어요.

"위원장님, 어떤 일을 준비하면 될까요?"

"당분간 나라가 혼란스러우니……."

위원장은 말끝을 흐렸어요. 누구도 일을 지시하거나 위원회를 이끌지 않았어요. 유누스가 하는 일이라곤 사무실에 멍하니 앉아 있다가 배달된 신문을 읽는 것밖에 없었죠.

'이렇게 신문이나 읽으려고 고향으로 돌아온 게 아냐. 이건 정말 아냐.'

유누스는 국가건설위원회를 박차고 나왔어요. 위원으로 일한 지 두 달 만의 일이에요. 그는 사직서 한 장을 책상에 남기고 그 이후로 사무실로 돌아가지 않았답니다. 부푼 꿈을 안고 고국으로 돌아온 그의 첫 도전은 좌절되었지만 결코 물러서지 않았어요. 그러다 청년 시절을 보낸 치타공 대학교에 교수 지원 서류를 제출했고, 그의 강의 경력을 높이 평가한 치타공 대학교는 그를 경제학과장으로 임명하지요. 유누스는 다시 주먹을 불끈 쥐었어요.

"제가 미국을 마다하고 이곳에 온 이유는 방글라데시의 재건을 돕기 위해서입니다. 문화와 자유가 풍성한 새 나라를 만들기 위해 애쓸 겁니다."

학생을 가르치는 일을 워낙 좋아했던 그는 교수 생활에 잘 적응했어요. 학자로 성공하고 싶은 욕구도 강했고요. 그런데 유누스가 이 결심을 바꾸는 일이 일어나요. 방글라데시로 온 지 2년째 되던 해, 방글라데시를 뒤덮은 홍수는 그의 인생을 송두리째 흔들게 된답니다.

세상은 모험과 도전으로 가득해

사회 운동가는 아는 만큼 도울 수 있어요

대부분의 방글라데시 사람은 이슬람교를 믿어요. 불교, 천주교, 개신교기독교는 익숙하지만 이슬람교는 그리 친숙하지 않죠? 그런데 놀랍게도 전 세계 15억 명이 넘는 사람이 이슬람교를 믿고 있어요.

사회 운동가는 다양한 지역에서 일할 확률이 높아요. 국제 문제에 관심이 있으면 외국에서 일할 수도 있지요. 꼭 국제 문제를 다루는 일을 하지 않더라도, 사회 운동가는 나라마다 얼마나 문화가 다른지에 대해 깊이 이해해야 해요. 서로 다른 문화를 이해하는 건 다른 사람에 대한 감수성을 높이는 일이거든요. 그렇다면 우리에게는 조금 낯선 이슬람 문화에 대해 알아볼까요.

이슬람교란 무엇인가요

이슬람교도 하느님을 믿는 종교예요. 하느님을 '알라'라고 표현한답니다. 다만 기독교와 다른 점은 '무함마드'라는 예언자를 믿는다는 거예요. 그리고 이슬람 경전인 '코란'의 말씀을 따라요.

이슬람교를 믿는 나라는 어디인가요

이란, 터키, 사우디아라비아, 방글라데시, 파키스탄 등 아시아부터 아프리카까지 수많은 나라에서 이슬람교를 믿고 있어요. 우리나라에도 이슬람 사원이 있고, 신자가 14만 명이나 된답니다.

이슬람에서 지켜야 할 규율은 무엇인가요

이슬람에서는 코란에 쓰인 대로 생활하는 사람이 많아요. 생활 규율도 철저히 지키죠. 특히 하루에 다섯 번, 일정 시간에 맞춰 메카예언자 무함마드의 출생지를 향해 기도를 올려요.

여성은 옷차림에 신경을 써야 해요. 가슴 부위는 반드시 숄이나 머플러로 가리고, 발목이 드러나는 치마나 반바지는 입지 않는답니다. 또 일 년에 한 번 '라마단'이라는 기간을 정해 한 달간 금식을 해요. 이를 통해 가난한 이들의 삶을 돌보고 자신의 생활을 반성해요. 술 마시는 것이 금지되어 있고, 돼지고기를 먹지 않는 문화가 있답니다.

세상은 모험과 도전으로 가득해

2

Muhammad Yunus

가난한 사람을 위한

은행을 꿈꾸다

강의실을 박차고 나온
경제학 교수

"길바닥에서 사람이 굶어 죽어 가고 있는데,

도대체 경제학 이론이 무슨 소용이란 말입니까."

무함마드 유누스

숫자와 이론이 딱 맞아 떨어지는 마법 같은 경제학? 유누스는 먹을거리를
사지 못해 길거리에서 굶어 죽어 가는 사람들을 보며 큰 혼란에 빠져요.
안타까움과 함께 도무지 이해가 되지 않았죠. 그래서 일터에서 가장 가까
운 마을부터 돌아보기로 했어요. 평화롭게 교실에서 경제학을 가르치던
그에게 과연 어떤 변화가 일어났을까요?

경제학에 대한 믿음을 뒤흔든 대홍수

1974년은 방글라데시가 파키스탄에서 독립한 지 얼마 안 된 때예요. 그래서 방글라데시 사회는 정치와 경제가 안정되지 못해 혼란스럽기 그지없었죠. 이런 상황에 엎친 데 덮친 격으로 홍수가 지역 곳곳을 뒤덮어 버려 농사짓는 땅이 버려질 수밖에 없었어요.

당장 먹을거리의 값이 엄청나게 치솟았어요. 도시와 농촌 곳곳이 마비되자 많은 사람이 일자리를 잃었고, 가난한 이들은 식료품이 비싸진 탓에 먹을거리를 살 수조차 없었어요. 많은 사람이 먹을 것이 없어 굶주리다가 길에서 죽어 갔어요.

하지만 유누스가 일하고 있던 치타공 대학교 강의실은 평화롭기만 했어요. 그곳에서 그는 숫자와 이론이 마술처럼 딱 맞아 떨어지는 경제학을 학생들에게 가르치고 있었지요. 유누스는 열정이 가득한 교수였고, 경제학 이론이 가진 아름다운 조화에 감탄할 만큼 경제학을 사랑했어요. 이론처럼만 된다면 방글라데시는 곧 가난에서 벗어날 수 있을 것 같았거든요.

그런데 정작 눈앞에 펼쳐진 현실은 경제학 이론을 빗나갔어요. 산 사람과 죽은 사람을 구별하기조차 힘들었죠. 정부가 곳곳에 간이 식당을 마련해 음식을 공급했는데, 음식을 받으려는 줄이 끊이지 않았어요. 굶어 죽는 사람이 너무 많아서 장례조차 치를 수 없는 상황이었고요. 고요한 강의실에만 있던 유누스도 현실을 피해 갈 수 없었어요. 문을 열면 이런 끔찍한 광경이 눈앞에 나타났으니까요.

'사람이 굶어 죽을 수도 있다니…….'

유누스가 다니는 학교 앞이고 어디고 가릴 것 없이 시신이 길에 나뒹굴었어요. 배가 고파 울던 아이는 쓰러져 잠이 들었고, 내일이면 어찌 될지 모르는 나날이 끊임없이 이어졌어요.

'도대체 내가 배운 경제학은 뭐란 말인가. 이들의 처참한 상황을 해결할 경제학 이론은 없는 건가? 앞으로 무슨 용기로 학생들에게 경제학을 가르쳐야 하지. 길바닥에선 사람이 굶어 죽어 가고 있는데, 도대체 경제학 이론이 무슨 소용이냐고.'

유누스는 오랫동안 공부해 온 경제학을 무척 좋아했죠. 강의를 하면서 딱딱 맞아 떨어지는 경제학 이론에 감탄한 적이 한두 번이 아니에요. 하지만 그는 뼈만 앙상히 남아 있는 사람들을 볼 때마다 '어디론가 도망치고 싶었다'고 고백해요. 자신이 배워 온 경제학에 처음으로 의문을 품은 거예요.

'다른 이들은 굶주림에 쓰러져 가는데, 내가 사는 세상은 왜 이렇게 풍족한 거지. 나와 그들은 어떤 차이가 있는 걸까.'

완벽하다고 믿었던 경제학 이론에 배신감을 느낀 유누스는 '진짜 경제학'을 찾아 길을 나섰어요. 그 시작은 학교 앞에 있는 조브라 마을이었고요. 편안한 강의실에서 수업을 하던 그에게 과연 어떤 변화가 일어났을까요?

직접 모를 심고 씨를 뿌리는 이유

'처음으로 돌아가야겠어. 진짜 현장에서 사람을 만나는 것부터 시작하는 거야.'

홍수가 난 뒤 대기근을 눈으로 직접 목격한 유누스는 치타공 대학교와 가까이 있는 조브라 마을부터 둘러봤어요. 그에게는 어디서부터 단추가 잘못 끼워진 건지 찾아야겠다는 결심만이 가득했어요. 이제 경제학 이론이 아닌 생생한 현장을 교과서로 삼아야 한다고 생각했지요. 마을 사람의 이야기를 귀담아듣는 충실한 학생이 되기로 결심한 거예요. 조브라 마을 사람들이 처한 상황을 살피고 어떤 도움을 줄 수 있는지 고민하기로 했죠. 그는 먼저 자신의 수업을 듣는 제자부터 불러 모았어요.

"혹시 조브라 마을에 관한 조사 자료를 본 사람 있나요?"

"이런 작은 마을에 대한 조사는 아직 없는 걸로 알고 있습니다. 아무도 관심이 없는 걸요."

"그럼 우리가 조브라 마을에 관해 조사해 봅시다. 대학에서 공부하는 사람이 큰 어려움을 겪고 있는 이들을 돕지 않는다면 너무

부끄럽지 않겠어요?"

유누스의 말에 학생들은 처음에는 의아해했어요. 하지만 바로 그 뜻을 알아차렸지요. 학생들이 고개를 끄덕거리자 유누스는 계속 대화를 이어 갔어요.

"좋아요. 우선 마을에 몇 명이 사는지, 소유한 경작지는 얼마나 되는지, 마을 풍습은 어떤지, 땅이 없는 사람은 어떻게 사는지 함께 조사해 봅시다."

유누스와 학생들은 마을로 들어가 동네 아주머니, 아저씨를 붙들고 조사를 하기 시작했어요. 그동안 강의실 안에서 현란한 공식 때문에 머리를 싸맸던 학생들은 진짜 현장에서 좌충우돌 다양한 경험을 했답니다. 물론 유누스도 마찬가지였고요.

"우리가 조사한 내용을 정리해 보았어요. 예상보다 조브라 마을의 생산량은 너무나 적어요. 더 많은 농작물을 수확할 수 있다면 지금보다 상황이 나아질 텐데 말이에요. 다른 씨앗이나 모종을 사용하자고 제안해 볼까요?"

유누스는 농업 전문가가 아니기 때문에 조심스럽게 접근했어요. 동시에 수확량을 늘릴 수 있는 방법을 찾기 위해 책을 들고 조언을 구하러 다녔지요.

"어르신, 제가 연구를 해 보니 지금 심는 품종 대신 필리핀에서 개발한 이 씨앗을 심으면 생산량이 더 늘어난다고 합니다. 생산성이 월등히 뛰어나다고 하더군요. 이번에는 이걸로 심으면 어떨까요?"

그런데 농부들은 그의 제안을 받아들이지 않았어요. 한 해 농사는 생계가 달린 문제인데, 덜컥 다른 품종으로 바꾸기 쉽지 않았던 거예요. 결국 유누스는 자신이 직접 새로운 품종을 사서 농부들에게 공짜로 나눠 주기 시작했어요. 그리고는 학생들과 함께 진흙땅에 들어가 직접 모종을 했어요. 마을 사람뿐 아니라 대학교 관계자까지 그들의 모습을 이상한 눈초리로 쳐다봤다죠.

"자, 여러분! 일직선으로 줄을 맞추고 일정한 간격으로 심어야 합니다. 이렇게 해야 쌀 생산이 많아져요. 제가 하는 걸 보고 따라 하세요."

농부들은 유누스의 말을 듣고 코웃음을 쳤어요. 그리고는 수군거리기 시작했어요.

"저것 봐. 초보 농부가 뭘 안다고 누굴 가르치는 거야? 우린 우리만의 방식이 있다고."

하지만 몇 달 뒤, 모두가 깜짝 놀랄 만한 일이 일어났어요. 유누스와 학생들이 모종한 논에서 수확한 작물이 동네 주민이 거둬들인 쌀보다 무려 네 배나 많았던 거예요! 그제야 동네 사람들은 유누스의 말을 조금씩 믿기 시작했어요.

대풍년을 이루다

유누스의 실험은 계속 이어졌습니다. 늘 마을을 돌아다니며 주민의 생활을 관찰했지요. 그러다가 논에 물을 댈 수 있는 우물이 있는데도 사용하지 않는 것을 발견했어요.

"저 우물은 왜 방치된 거죠? 충분히 많은 물을 사용할 수 있을 것 같은데요."

그의 질문에 마을 주민은 한숨을 푹 쉬며 대답했어요.

"우리도 쓰면 좋지. 그런데 우물물을 길어다 쓰려면 사용료를 내야 하고, 물길을 내는 공사를 해야 하니 어쩔 수 없이 포기했지, 뭐."

유누스는 이 우물을 사용할 수 있게 되면 기근 문제가 크게 나아질 거라고 확신했어요. 그래서 지역 농민을 모으기 시작했답니다. 땅을 가진 사람이 놀리고 있는 땅을 내놓으면, 거기에 땅이 없는 소작농이 농사를 짓게 하자고 제안한 거예요. 그리고 농사지을 때 필요한 씨앗, 모종, 비료, 농약 등은 유누스가 지원하기로 하고요.

"그럼 교수님에게는 불리한 거래 아닌가요?"

그의 이야기를 듣던 주민은 고개를 갸웃거렸어요.

"그럼 농사를 지어서 생기는 소득을 땅 주인, 소작농, 저, 이렇게 세 사람이 공평하게 나눠 가지면 어떻겠습니까? 전 그렇게만 된다면 손해 보지 않을 것 같아요."

"만약 소득 없이 끝나면요?"

"그렇다면 여러분이 입는 손해는 제가 다 책임지겠습니다. 하지만 그럴 일은 절대 없을 거예요. 제가 장담하지요."

물론 처음부터 농민들이 유누스의 제안을 따른 건 아니었어요. 망설이고 주저하는 시간이 제법 길었답니다.

'농사를 한번 잘못 지으면 1년 내내 고생하는데, 어떻게 해야 하지……'

농민들은 고민을 거듭했어요. 하지만 다른 품종을 심어서 수확량을 늘렸던 유누스를 반쯤 믿어 보기로 했어요. 결국 농민들은 그의 제안을 받아들였답니다. 이 프로젝트는 세 주체가 함께한다는 뜻에서 3자간 농업 '나바주그새 시대'라 불렀어요. 세 주체는 유누스, 땅을 가진 사람, 땅을 가지지 못한 소작농인 거죠.

유누스는 이 프로젝트가 실패할까 봐 매일 밤잠을 설쳤대요. 그래서 결과는? 역시나 대풍년이었어요! 유누스와 농민의 노력으로 나바주그 프로젝트는 1978년에 방글라데시 대통령상까지 받게 된답니다.

가난한 사람을 위한 은행을 꿈꾸다

열심히 일해도 가난한 사람들

그런데 유누스는 수확량이 늘어도 생활이 전혀 나아지지 않는 사람들을 목격하게 돼요.

'땅이 없는 사람, 일이 없는 사람은 한 해를 어떻게 살아갈까. 농사 일이 없을 때는 무엇을 먹고 살까.'

그가 미처 생각하지 못한 물음이 이어졌어요.

'하루 벌어 하루 먹고 사는 사람은 도대체 무슨 일을 하길래……. 하루에 얼마나 버는 거지.'

유누스는 이번에도 주저하지 않았어요. 2년 전처럼 당장 조사에 들어갔죠. 조사 결과, 땅이 없는 사람은 허드렛일을 하면서 생활을 이어 갔어요. 남자는 대부분이 릭샤를 끌었죠. 릭샤는 자전거를 개조한 이동 수단이에요. 뒷좌석을 만들어 손님이 편안히 앉을 수 있고, 릭샤 기사가 자전거를 수동으로 몰아 이동한답니다. 그런데 릭샤를 끌려면 자전거를 빌릴 수밖에 없잖아요. 아무리 새벽부터 밤까지 손님을 뒤에 태우고 릭샤를 끌어도, 릭샤 주인에게 비용을 갚으면 겨우 한두 끼 먹을 돈만 손에 쥐게 돼요. 한 릭샤 기사는 이렇게 말하기도 했답니다.

"20년 넘게 이 일을 했는데 아직까지 제 자전거가 없어요."

여자는 대나무를 얇게 벗기거나 잘라서 소쿠리나 작은 가구를

자전거를 변형해 뒤에 사람을 태우는 릭샤는 방글라데시의 주요 교통수단이에요.
또 많은 이의 일자리이기도 하지요.

만드는 일을 해요. 질퍽질퍽한 흙바닥을 맨발로 걸어 다니며 대나무를 날라요. 하루 종일 차가운 바닥에 철퍼덕 앉아 대나무를 비벼 대느라 손이 망가진 사람이 많았어요.

'이 사람들은 하루 종일 열심히 일을 하는데, 왜 생계가 나아지지 않을까. 농작물 수확량이 늘어서 마을이 풍족해졌는데, 이들에게 돌아가는 몫은 어디에 있지?'

그는 마을을 살펴보며 하루 종일 열심히 하는 사람들을 목격했어요. 그리고 동시에 열심히 일하지만 쳇바퀴 돌 듯 가난한 그들의 삶도 보게 되었지요.

단돈 3만 원이 없어서 마을이 망가지다니

마을로 들어서는 길은 온통 진흙탕이었어요. 간혹 양철로 지은 집도 군데군데 보였지만, 짚으로 어설프게 지붕을 쌓아 올려 불안해 보이는 집이 대부분이었지요. 유누스는 허름한 어느 집을 방문했어요. 한 아주머니가 썩은 초가지붕 아래에서 대나무로 의자를 만들고 있었어요.

"안녕하세요. 저는 이 근처 치타공 대학교에서 학생을 가르치는 선생님입니다. 몇 가지 여쭤 봐도 될까요?"

유누스는 낯선 남성과 대화하기를 꺼리는 아주머니를 안심시키기 위해 애썼어요. 방글라데시 사람은 이슬람교를 믿는데, 이슬람 법도에는 결혼한 여성이 낯선 남성과 이야기를 나누는 것을 멀리하도록 하거든요. 이 때문에 마을 사람을 만나 이야기를 나누는 게 쉽지 않았어요. 물론 유누스는 포기하지 않았지요. 치타공 사투리를 쓰거나 동네 아이를 돌보면서 마을 사람에게 수시로 말을 걸었답니다.

"괜찮아요. 저도 치타공에서 태어나 지금까지 쭉 이곳에서 일하고 있어요. 지금도 이곳과 이웃해 살고 있어요. 몇 가지만 편하게 대답해 주세요."

그제야 아주머니는 경계를 풀고 작은 목소리로 대답했어요.

"네, 말씀하세요."

"아주머니, 이름이 어떻게 되세요?"

"수피아 베굼이랍니다."

"지금 무엇을 하고 계신가요?"

"대나무로 의자를 만들고 있어요."

"대나무는 어디서 구했나요?"

"돈 주고 샀죠."

"아주머니 돈으로 산 건가요? 아니면 빌린 건가요?"

"나한테 그럴 돈이 어디 있어요? 파이카라는 고리대금업자에게 빌렸는데요."

방글라데시의 한 농촌 마을로 들어가는 길

방글라데시의 수많은 사람들이 대나무를 잘라 소쿠리, 의자 등을 만들며 살아가고 있어요.

"그럼 대나무 의자를 하나 만들면 얼마를 벌게 되나요?"

"의자 하나를 만들면 5타카 50페이사약 220원를 벌고, 돈을 갚고 나면 50페이사약 20원가 남아요."

'50페이사라니.'

유누스는 깜짝 놀랐어요. 하루 종일 열심히 일해도 단돈 20원밖에 벌 수 없는 상황이 믿기지 않았으니까요. 그와 대화를 마친 베굼 아주머니는 쉴 틈도 없이 뼈가 앙상히 보이는 손을 움직이며 의자를 만드는 데 집중했어요. 맨땅에 웅크린 채 하루 종일 일한 대가는 가혹했어요.

무엇보다 이 동네 사람을 힘들게 하는 건 높은 이자였어요. 담보도 없고, 번듯한 직업도 없는 가난한 사람에게 은행은 돈을 빌려 주지 않았거든요. 어쩔 수 없이 높은 이자를 주고 고리대금업자에게 돈을 빌릴 수밖에 없었지요. 이자를 갚느라 원금을 갚지도 못한 채 빚이 쌓이는 악순환이 계속된 거예요.

'이건 뭔가 잘못된 거야. 단돈 몇백 원이 없어서 삶이 저렇게 망가지다니. 내가 대학에서 가르치는 이론과 이곳의 현실이 이렇게까지 다를 수 있나.'

유누스는 이 마을에 베굼 아주머니와 같은 상황에 처해 있는 사람이 얼마나 되는지 조사했어요. 모두 마흔두 명이 고리대금업자에게 돈을 빌리고 있었죠. 그들도 베굼 아주머니처럼 온종일 쉬지 않고 일하지만, 돈을 모으지 못하는 절망의 수렁에 빠져 있었어요. 이들의 빚은 총 856타카였어요. 한국 돈으로 3만 원가량이요.

"단돈 856타카 때문에 마흔 개가 넘는 가정이 이렇게 비참하게 살고 있다니!"

유누스는 너무 기가 막혀서 큰소리로 외쳤어요. 이 상황을 어떻게 받아들여야 할지 망설여졌어요.

'지금 내 지갑에는 이들의 빚을 한 번에 갚아 줄 수 있는 돈이 있어. 이 돈을 그냥 준다면 어떻게 될까. 빚에서 탈출하겠지? 하지만 그다음에는…….'

유누스는 이 문제가 그들에게 돈을 주고, 그 돈으로 빚을 갚게 한다고 해결될 일이 아니라고 생각했어요. 하지만 이내 주머니에서 돈을 꺼내들고 그와 함께 마을을 둘러 본 학생에게 건넸어요. 이성적인 판단보다 얼른 위기를 면하게 해 줘야겠다는 마음이 앞선 거예요.

"자, 여기 이 돈을 가지고 가서 마흔두 사람한테 빌려 주고 고리 대금업자에게 진 빚을 갚으라고 전하거라. 이 돈은 형편이 되면 그때 갚아도 된다고 하고."

빛에 대한 고민에 빠지다

급한 마음에 지갑에서 돈을 꺼내 줬지만 유누스의 마음은 편하지 않았어요. 자신의 돈으로 빚을 갚게 된 건 그들에게 잘된 일이지만, 그들의 삶에 울컥해서 감정적으로 일을 처리한 건 아닌가 하는 고민이 생긴 거예요. 그는 이날의 행동이 사회의 큰 틀 속에서 제도를 바꾸는 것이 아닌 개인적인 도움에 불과했다고 생각했어요. 고민은 꼬리에 꼬리를 물고 이어졌지요.

'돈을 갚아 줬다는 이야기를 들은 다른 사람이 찾아와 자신의 빚도 갚아 달라고 하면 어떻게 해야 하지?'

'허름한 옷차림의 농민이 대학교 안으로 들어오려다 제지를 당하지는 않을까.'

'내가 한 일은 그들에게 약이 되었을까, 독이 되었을까.'

'그 똑똑한 학자들은 모두 어디로 간 걸까. 왜 이런 문제에 답을 주는 사람은 없을까.'

유누스는 이 문제는 부유한 개인이 해결할 문제가 아니라고 생각했어요. 그리고 결국 가난한 사람이 고리대금업자에게 돈을 빌리지 않으려면 은행밖에는 답이 없다는 결론을 내렸어요.

'그래, 은행에 찾아가서 이야기해 보자. 그러면 좋은 방법이 생길 거야.'

가난한 사람을 위한 은행을 꿈꾸다

그는 은행이 가난한 사람에게 돈을 빌려 줄 수만 있다면 이 문제가 해결되리라 생각했어요. 그래서 곧장 치타공 대학교 앞에 있는 은행으로 달려갔답니다.

부자에게만 돈을
빌려 줄 수 있다고?

"우리는 신용이라는 것이 소수의 부자에게만 있는
특권이라는 생각을 버려야 합니다. 주위를 둘러보세요.
가난한 사람들은 정말 열심히 살고 있어요.
재능도 있고 총명한 사람들입니다."

무함마드 유누스

은행은 보통 가난한 사람은 능력이 없고 게을러서 돈을 잘 갚지 않는다고
생각해요. 그래서 돈을 빌려 줄 수 없다고 하지요. 유누스는 답답한 마음
에 이렇게 물었어요. 그들에게 돈을 빌려 준 적도 없으면서 그걸 어떻게
아느냐고요. 그리고 자신이 보증을 설 테니 그들에게 대출을 해 달라고 제
안했죠.

부자들을 위한 은행에 딴지를 걸다

치타공 대학교에서 가장 가까운 은행은 자나타 국립은행으로, 대학교 정문 바로 왼편에 있었어요. 은행 앞은 사람이 많이 다니고 학생들도 자주 이용하기 때문에 늘 장사하는 사람으로 분주했지요. 손수레에 형형색색 과일을 가득 담아 파는 과일 장수도 있고, 은행 문을 나서는 사람을 태워 가기 위한 릭샤도 줄지어 서 있고요.

뜨거운 태양 아래에서 릭샤를 모는 아저씨의 얼굴은 일그러져 있었어요. 은행 앞에서 갓난아기를 안고 구걸하는 여성은 힘겨워 보였죠. "1타카, 1타카"를 외치는 꼬맹이들이 한 푼만 달라고 유누스를 따라 왔어요.

유누스는 이 사람들을 뒤로한 채 은행에 들어섰어요. 초록색 페인트로 칠해진 은행 내부의 벽은 시멘트가 벗겨져 회색빛이 희끗희끗 보였어요. 그래도 은행 안은 밖의 소란과는 달리 조용했어요. 천장 위에 달린 선풍기 팬이 덜덜거리며 돌아가는 소리만 날 뿐이었죠. 유누스는 사무실 안쪽에 있는 지점장을 찾아갔답니다.

"안녕하세요, 어떻게 오셨습니까?"

"이 은행에서 조브라 마을에 있는 가난한 사람에게 돈을 빌려 줄 수 있을까요? 돈이 필요한 사람이 많습니다. 그런데 은행을 이용할 수가 없어서 고리대금업자에게 의존하고 있어요. 이들이 물건을 만들 재료라도 살 수 있게 도와주실 수 없나요?"

지점장은 그의 말이 끝나자 이해가 안 된다는 표정이었어요. 마을 사람이 어떻게 살아가는지 전혀 몰랐으니까요. 유누스는 자신이 경험한 이야기를 들려주었어요. 그리고는 이들이 최소한의 생계라도 유지할 수 있도록 도와 달라고 간청했지요.

"선생님, 우리 은행에서는 불가능합니다."

지점장은 단호하게 말했어요.

"가난한 사람은 글을 읽고 쓸 수 없어요. 서류 작성조차 어렵다고요. 그리고 그들이 빌리려는 돈은 너무나 적은 금액입니다. 융자를 받기 위해 써야 하는 서류를 만드는 비용보다 적은 돈이에요. 우리 은행은 그런 푼돈 때문에 시간을 낭비할 여유가 없어요. 어째서 선생님 같은 분이 이런 요구를 하시는 거죠?"

그 말을 듣는 순간 유누스의 표정이 일그러졌어요.

"아니, 지점장님. 서류 만드는 비용보다 적은 그 돈이 없어서 많은 사람이 인간답지 못한 삶을 살고 있다니까요! 그들에게 그 돈은 너무나 큰돈입니다."

유누스가 목소리를 높였지만 지점장은 꿈쩍도 하지 않았어요. 오히려 서류 작성조차 힘든 사람은 전 세계 어느 곳에 가도 은행을 이용하기 어려울 거라는 말만 되풀이했어요.

은행과 말이 통하지 않아!

"그럼, 은행은 부자에게만 돈을 빌려 줄 수 있다는 말인가요?"

지점장은 갑작스러운 유누스의 방문과 그의 요구를 이해할 수 없다는 얼굴이었어요. 점잖아 보이던 대학교수가 뜬금없이 가난한 사람이 돈을 빌릴 수 있게 해 달라니? 어찌 된 영문인지 모르는 지점장은 은행에서 정한 원리 원칙을 조근조근 알려 줬어요.

"그럼, 제 수업을 듣는 제자들이 그들을 위해 서류를 작성할 수 있도록 방법을 마련하겠습니다."

"그래도 안 됩니다."

"왜 안 된다는 거죠?"

지점장은 유누스의 거듭된 질문에 단호히 대답했어요.

"왜냐하면요, 가난한 사람은 담보가 없으니까요."

유누스는 지치지 않고 지점장의 말에 반박했죠.

"가난한 사람은 하루 종일 열심히 일합니다. 쉬지도 않고 일해서 먹고 살고 있다고요. 이들이 담보가 없다는 이유로 은행을 이용할 수 없다는 건 너무 심하지 않나요?"

"가난한 사람은 게으르고 돈을 잘 갚지 않아요. 은행은 원금을 떼이기 십상이지요."

유누스에게는 지점장의 말이 억지처럼 들렸어요.

"가난한 사람에게 돈을 빌려 준 적이 있습니까?"

"……."

"지금 시스템에서 가난한 사람이 직접 돈을 빌리기 어렵다면 제가 그들의 보증을 서면 어떻겠습니까? 그러면 돈을 빌릴 수 있나요?"

지점장은 난처하다는 표정을 지었어요. 은행에서는 담보가 없는 가난한 사람에게 돈을 빌려 준 적이 단 한 번도 없었거든요. 이런 일은 처음이라 지점장은 어떻게 해야 할지 모르겠다는 말만 반복할 뿐이었어요. 유누스는 은행에서 도움을 받을 수 있을 거라고 기대했지만 이내 실망하고 말았답니다. 그럼에도 그는 절대 포기하지 않았어요.

가난한 사람들의 보증인이 되어

유누스는 자나타 국립은행 외에도 다른 은행을 찾아다녔어요. 대답은 한결 같았지요. 가난한 사람은 돈을 빌리면 갚지 않는다는 거예요. 그는 이런 말을 들을 때마다 이렇게 이야기하곤 했어요.

"가난한 사람에게 한 번이라도 돈을 빌려 준 적이 있습니까? 그런 일도 없는데 어떻게 가난한 사람이 돈을 갚지 않는다는 걸 알지요?"

가난한 사람을 위한 은행을 꿈꾸다

유누스는 문제의 핵심은 가난한 사람이 아니라는 걸 파악했어요. 오히려 은행이 갖고 있는 가난한 사람에 대한 편견이 문제의 출발이자 해결점이라고 생각한 거예요. **역시나 은행을 설득하는 일은 쉽지 않았어요.**

"그럼 제가 그들의 보증인이 된다면 돈을 빌릴 수 있나요?"

결국 한발 물러서서 대학교수인 유누스가 마을 사람의 보증인이 되었어요. 은행은 유누스를 믿고 돈을 빌려 주고, 이 돈을 쪼개어 다시 마을 사람에게 빌려 주는 복잡한 방식이었죠.

"만약 마을 사람이 돈을 갚지 않는다고 해도, 제가 대신 돈을 갚지는 않을 겁니다. 이건 실험이라는 걸 말씀드리지요. 저는 그들의 능력과 정직함을 믿어요. 두고 보세요, 어떤 일이 일어날지."

이때가 1976년 겨울이에요. 유누스는 은행에서 1만 타카_{약 20만 원}를 빌렸어요. 당시 그에게 이 돈이 없었던 건 아니었어요. 단지 그는 은행에 보여 주고 싶었던 거예요. 가난한 사람도 은행에서 빌린 돈을 갚을 수 있다는 걸 말이에요. 돈을 가진 사람만 편하게 이용할 수 있는 은행의 시스템이 잘못되었다는 걸 직접 증명하고 싶었답니다.

편견과 싸우고
또 싸우며

"가난한 사람에게 돈을 빌려 줘도 은행은 망하지 않는다.
아니, 오히려 가난한 사람이 돈을 더 잘 갚는다."

무함마드 유누스

가난한 사람에게 담보 없이 적은 돈을 빌려 줍시다! 유누스는 이런 실험을
하는 은행 지점을 운영하게 돼요. 하지만 세상의 편견은 쉽게 사라지지 않
았죠. 다른 지역에서는 절대 성공하지 못할 거라는 전문가가 많았거든요.
그래서 유누스는 만약 다른 곳에서 해 보고도 실패한다면, 다 그만두고 학
교로 돌아가겠다고 선언했답니다. 그 후 탕가일 지역에서 기적 같은 일이
일어났어요!

익숙하지 않은 길

유누스는 자신의 생각이 틀리지 않다는 걸 증명하기 위해 발 벗고 바쁘게 뛰어다녔어요. 그래서 그를 비난하는 사람과 대립하고 언쟁을 벌이는 일이 종종 있었지요. 다른 사람과 갈등을 겪는 건 그에게 익숙하지 않은 일이었어요. 그동안 독립운동 외에는 누군가와 반대되는 의견을 놓고 팽팽히 맞선 적이 없었거든요.

유누스는 대기근을 경험한 뒤 그동안 배운 경제학을 조금씩 내려놓았어요. 동시에 기본적인 문제 해결 방식에서도 다른 의견을 제시했지요. 그런데 이 의견을 들은 대부분의 사람은 그를 비난했어요. 1976년 방글라데시 경제협의회 정기 총회에서도 그는 다른 사람과 차이를 보여요. 유누스는 이날 논문 하나를 발표해요.

방글라데시가 자립하기 위해서는 원조에 의존하는 경제 시스템을 바꿔야 합니다. 다른 나라에서 주는 원조 자금으로 대규모 전국 개발을 추진하는 건 위험합니다. 원조가 끊기면 어떻게 할 건가요? 또 원조에 의존할 건가요? 그건 일시적입니다.

그의 발표를 들은 학자와 정치인은 웅성거리기 시작했어요.
"그럼 어떻게 해야 한단 말이오? 우리나라는 가난해서 원조에 기댈 수밖에 없소. 방글라데시가 발전하기를 바란다면 원조에 반대해서는 안 돼요."

유누스는 그들의 말에 이렇게 대답했어요.

"대부분의 원조금이 들어가는 지역은 농촌입니다. 그럼 농촌 사람들이 당장 이용할 수 있도록 해야지요. 하지만 원조 자금은 위쪽 기관에서 다 쓰고 농촌에는 흘러들어 가지도 않아요. 발전이란 사회의 가장 밑바닥에 있는 최빈곤층의 상황이 달라지는 거라고 생각합니다. 그렇지 못하다면 발전을 위한 원조라고 할 수 없지요."

그 자리에 있던 사람들은 문서만 보고 사인하는 데 익숙한 이들이었어요. 그래서 유누스가 직접 농촌으로, 현장으로 가자는 말에 귀를 기울이지 않았죠. 유누스는 답답했어요. 그래서 그들과 반대로 행동하기로 했지요. 직접 질퍽질퍽한 진흙으로 가득한 마을에 들어간 거예요. 그는 당시를 이렇게 회상해요.

"죽어 가는 사람들에게 그까짓 이론은 아무 소용이 없다는 결론에 도달했습니다. 저는 경제학자가 아니라 한 인간으로서 사람들을 도울 수 있을 것 같았어요. 그래서 아주 기본적인 인간이 되기로 결심했습니다."

가난한 사람을 위한 은행을 꿈꾸다

가난한 사람에게 불친절한 은행

유누스는 자나타 국립은행과 실랑이를 벌이다 결국 1977년 1월 3일에 처음으로 대출을 받아요. 빌린 돈은 고작 만 6,050타카^{약 20만 원}였답니다. 이 돈은 사업을 시작하는 데 터무니없이 부족해 보일지 몰라요. 보통 사업을 하려면 수천만 원에서 수억 원이 든다고 생각하니까요. 그런데 20만 원 남짓한 돈은 무려 일곱 사람에게 돌아갔어요.

얼마 안 되는 돈으로 방글라데시 농촌 사람들은 무엇을 했을까요? 릭샤를 사고 암소를 사기도 했대요. 릭샤를 사서 일을 하며 이자를 갚아 나가고, 얼마 뒤에는 릭샤를 가진 사장님이 되는 거죠. 암소를 사서 우유를 팔아 생활비를 마련하고 이자를 갚은 뒤에는, 암소가 송아지를 낳으면 차근차근 가난에서 벗어나는 거예요.

처음에는 일곱 명에 불과하던 대출자 수가 점점 늘어났어요. 4월부터 12월까지 무려 58명의 마을 사람이 대출을 신청했거든요. 그런데 불편한 점이 많았어요. 자나타 국립은행에서 가난한 사람을 믿지 못하니 이들에게 직접 돈을 빌려 주는 건 허락하지 않았거든요. 유누스는 참다못해 은행에 찾아갔어요.

"이것 봐요. 처음 돈을 빌린 마을 사람의 상환율이 100퍼센트에 가까워요. 이래도 이들에게 돈을 빌려 주지 않겠단 말인가요?"

"안 됩니다, 선생님. 어렵다는 건 선생님이 더 잘 아시지 않습니까?"

마을 사람이 대출금을 잘 갚아도 은행은 단호했어요. 그래서 유누스가 일일이 보증을 설 수밖에 없었지요. 일이 번거롭게 되자 자나타 국립은행은 일부러 대출 승인을 해 주지 않고 미루기 시작했어요. 승인까지 무려 석 달이나 걸리기도 했다니까요. 때로는 대출 신청을 아무 말도 없이 취소하는 일까지 있었어요. 유누스는 어이없는 상황이 거듭되자 화가 머리끝까지 났지만, 그래도 자나타 국립은행에서 도움을 받고 있으니 꾹꾹 참을 수밖에 없었지요.

의심에서 믿음으로

은행은 여전히 유누스의 실험은 물론이고 마을 사람도 믿지 못하고 있었어요. 그러는 사이 60명 정도가 유누스를 통해 9만 4800타카약 125만 원를 빌렸답니다. 물론 마을 사람도 처음부터 유누스를 믿은 건 아니었어요. 그가 아무리 대학교수라고 해도 조건 없이 돈을 빌려 준다니 의심을 할 수밖에 없었죠.

"선생님은 어째서 우리를 믿고 돈을 빌려 주는 건가요?"

"저 양반, 돈 떼이기 쉬울 텐데. 어떻게 저런 무모한 시도를 하는 거지?"

"우리가 이용하는 고리대금업자와 비교해서 이자가 너무 낮지 않아? 사기 아닐까?"

"나중에 더 큰 이자를 내라고 하면 어쩌지?"

유누스는 마을 사람에게 지금 진행되는 일을 쉽게 설명해야 했어요.

"여러분, 제가 하는 일이 좀 이상하죠? 대학교수가 학생을 가르치는 일보다 돈 빌려 주는 일에 더 열심인 게 이상해 보일 것 같은데요."

그가 웃으면서 주민에게 다가가자 동네 아주머니는 수줍은 듯 자리를 피했어요. 그래도 궁금함을 참지 못한 몇몇 사람은 그와 이야기를 나누었어요.

"맞아요. 돈을 빌리면서도 늘 조마조마해요. 교수님은 뭘 믿고 우리한테 돈을 빌려 주는 거예요? 그러다가 우리가 돈을 안 갚으면요? 난처한 일을 당하면 어쩌려고 이런 무모한 일을 하는 건가요?"

한 아저씨의 물음에 유누스는 웃으면서 말했어요.

"전 여러분이 은행에 돈을 갚지 않고 도망을 가도, 절대로 돈을 대신 갚지 않을 거예요. 이건 여러분도 은행을 당당히 이용할 수 있다는 걸 보여 주는 하나의 실험이에요."

"실험이라고요?"

실험이라는 말에 주위는 술렁였어요. 그 어떤 은행도 자신을 믿어 주지 않아 늘 고리대금업자에게 고개를 조아렸는데, 이런 자신들을 대상으로 실험을 한다니 믿기지 않았던 거예요.

"예전에 릭샤를 끄는 분이 어떻게 살아가고 있는지 조사한 적이 있어요. 고리대금업자에게 높은 이자를 내고 릭샤를 빌려서 하루 종일 일해도 절대 그 릭샤를 살 수 없더군요."

사람들은 고개를 끄덕였어요. 뒤쪽에서는 이런 큰소리가 나기도 했어요.

"맞아요! 아무도 우리에게 돈을 빌려 주지 않는다고요! 오히려 고리대금업자에게 고마워해야 할 지경이라니까요. 하지만 고리대금업자의 이자는 너무 비싸요."

유누스는 방법을 바꿔 보자고 제안했어요. 은행에서 돈을 빌려 릭샤를 산 뒤 이자를 갚아 나가면서 릭샤의 주인이 되어 보자고 이야기한 거예요.

"그러면 여러분의 상황이 더 나아지지 않겠어요? 방법을 바꿔 보는 것, 이것이 바로 저와 여러분이 함께하는 실험입니다."

마을 사람들은 유누스와의 거듭된 대화를 통해 점점 그를 믿기 시작했어요.

가난한 사람을 위한 은행을 꿈꾸다

탄생! 농업은행 그라민 지점

유누스의 실험은 성공적이었지만 자나타 국립은행과의 관계는 점점 더 불편해졌어요. 1977년 10월 어느 날, 유누스는 개인적인 일로 방글라데시의 가장 큰 국영은행 중 한 곳의 은행장을 만났어요. 그런데 그곳에서 우연히 농업은행인 크리시 은행의 아니수자만 총재를 만나게 되었답니다. 유누스가 이런 좋은 기회를 놓칠 리 없었지요.

"총재님, 저는 지금 제가 일하는 학교 근처에 있는 조브라 마을이라는 곳에서 재미난 실험을 하고 있습니다. 가난한 사람을 믿고 돈을 빌려 주는 실험이에요."

아니수자만 총재는 그가 들려주는 흥미로운 이야기에 관심을 가졌어요. 그가 그동안 한 일을 이야기하자 몸을 앞으로 기울이며 집중했지요.

"그런데 어려움이 많습니다. 자나타 국립은행에서 협조를 하지 않아요. 마을 사람들은 원금을 밀린 적 없이 잘 갚고 있지만 이들을 믿지 않지요. 또 적은 금액을 빌리려고 하면 본점의 승인을 받도록 해서 무려 여섯 달이나 걸리기도 합니다. 정말 힘들어요."

어려움을 호소하는 그에게 아니수자만 총재는 무엇을 도울 수 있는지 물었어요. 그는 기쁜 마음에 상기된 얼굴로 말했어요.

"농업은행에서 조브라 마을에 지점을 하나 만들어 줄 수 있을까요? 저와 학생들이 은행의 규칙도 만들고 직원도 관리하겠습니다. 우선 100만 타카약 1310만 원만 빌려 주시고, 1년간 온전히 믿고 맡겨 주십시오."

유누스는 아니수자만 총재와 처음 만난 자리였지만 절박한 심정으로 도움을 요청했어요. 그런데 그의 바람이 통했는지 아니수자만 총재는 선뜻 제안을 받아들였답니다.

"요구는 그게 전부인가요?"

유누스는 깜짝 놀랐어요. 한 번에 제안이 받아들여질 거라고 상상도 못했거든요.

"1년 뒤에 결과가 좋으면 전국으로 이 방식을 확대하고, 만일 아니라면 지점을 폐쇄해도 좋습니다."

유누스의 승부사적인 기질은 이때도 과감히 발휘되었어요. 조브라 마을에 농업은행 지점이 설립된 거예요! 그는 지점 이름을 '그라민'이라고 지었어요. 그라민은 '마을'이라는 뜻이에요. 오늘날 우리가 아는 그라민 은행의 전신인 셈이지요. 원래 이름은 크리시 은행 마을 지점이었는데, 유누스가 총재에게 편지를 보내서 다른 이름을 제안했답니다.

총재님.

제가 생각하는 은행은 농사를 짓는 사람만을 위한 은행이 아닙니다. 크리시라는 단어는 '농업'이라는 뜻을 갖고 있어서 한정된 느낌이 듭니다. 방글라데시에서 땅을 갖고 농사를 짓는 농민은 가난하지 않습니다. 오히려 땅이 없어 굶주리는 사람, 가내수공업으로 하루하루 겨우 먹고 사는 어려운 사람을 위한 은행을 만들고 싶습니다. 그래서 '마을을 위한 은행'이라는 뜻에서 지점 이름을 그라민 은행이라고 붙이고 싶습니다.

아니수자만 총재는 유누스의 편지에 화답했어요. "그럽시다. 농업은행 그라민 시험 지점이라고 부릅시다."라고요. 유누스는 다시 새로운 실험을 시작하게 되었어요.

다섯 사람을 모아 오세요!

1977년 봄, 그라민 시험 지점이 문을 열었어요. 그라민 지점은 대나무 벽에 양철 지붕을 올려 만든 곳을 사무실로 썼어요. 으리으리한 사무실은 아니었지만, 비가 새지 않는 튼튼한 곳이었지요.

사업 첫날, 24명의 마을 사람이 돈을 빌렸어요. 그들이 빌린 돈은 5만 2000타카, 우리 돈으로 약 68만 원 정도 되는 돈이에요.

여름이 되자 341명이 돈을 더 빌렸답니다. 시간이 지날수록 점점 더 많은 사람이 그라민 시험 지점을 이용했어요.

그래서 얼마나 많은 사람이 돈을 빌렸을까요? 460명이 넘는 마을 사람이 돈을 빌렸고, 그중 4분의 1이 여성이었어요. 그리고 60만 타카약 790만 원가 넘는 돈을 빌려 줬는데, 돈을 갚지 못한 비율은 1퍼센트도 안 될 만큼 적었답니다. 99퍼센트가 넘는 사람이 돈을 꼬박꼬박 잘 갚은 거죠. 어떻게 이렇게 좋은 결과가 나타난 걸까요? 그건 유누스가 고민을 거듭한 끝에 만들어 낸, 그라민 시험 지점에만 있는 돈을 빌리고 갚는 방식 때문이었어요.

그는 마을 사람과 가까워지기 위해 늘 노력했어요. 만약 기존의 은행과 같은 방식으로 돈을 갚으라고 요구한다면, 사람들이 그라민 지점을 이용하지 않을 거라고 생각했지요.

'농촌 사람들은 무엇을 가장 중요하게 생각할까?'

유누스는 고민을 거듭했어요. 담보가 없는 사람에게 대출을 갚아야 하는 최소한의 책임감을 갖게 하는 방법이 필요했거든요. 그래서 그는 새로운 방식을 도입했어요.

"여러분, 우리 은행에서 돈을 빌릴 때는 아무런 담보도 필요 없습니다. 다만 약속을 하나 해야 해요. 대출을 받기 위해서는 혼자 와서는 안 됩니다. 다섯 명이 한 그룹을 만들어 와야 돈을 빌릴 수 있어요. 그리고 처음에는 다섯 사람 중 두 사람만 돈을 빌릴 수 있답니다. 두 사람이 제 날짜에 돈을 갚아야 다음 두 사람이 돈을 빌릴 수 있어요."

이는 전 세계 어느 곳에도 없는 대출 방식이었어요. 그룹이 있어야만 대출을 받을 수 있다니. 유누스는 농촌 사람일수록 동네 사람의 평판에 신경을 쓴다는 걸 알아차렸거든요.

"그리고 돈을 빌린 사람은 어떤 경우도 예외 없이 일주일에 적어도 1타카씩 저축해야 합니다."

그는 차근차근 그라민 지점만의 방식을 만들어 나갔어요.

계속되는 세상의 의구심

그라민 시험 지점은 성공적이었어요. 지점을 이용하는 사람도 늘어났고, 대부분 돈을 제때 갚아서 어려움도 없었어요. 오히려 기존의 은행을 운영하는 사람들이 놀라워했죠.

"가난한 사람에게 돈을 빌려 줘도 별 탈이 없군요. 하지만 안심하지 마세요, 유누스 교수. 가난한 사람은 언제 뒤통수를 칠지 몰라요."

그라민 시험 지점의 사례를 접해도 이를 순순히 믿는 사람이 드물었답니다. 미국에서 온 한 전문가는 가난한 사람이나 농부에게 돈을 빌려 주려면 이자율을 높게 해야 한다고 주장했죠. 유누스는 그가 한 주장을 반박했어요.

"선생님의 의견에 동의하지 않습니다. 제가 학생들과 마을에서 운영하는 은행의 사례를 소개해 드렸듯이, 금리가 높거나 낮은 것은 가난한 사람에게 영향을 미치지 않아요. 그 대신 자신을 믿고 돈을 빌려 줄 은행이 필요한 겁니다."

유누스가 아무리 그라민 시험 지점 이야기를 해도 전문가들은 의문을 제기했어요.

"그라민 시험 지점은 당신 같은 교수가 있기 때문에 가능한 거예요. 만약 당신이 없다면 그런 일이 가당키나 하겠소?"

"조브라 마을이 특이한 곳일 뿐이오. 가난한 사람이 성실하게 빌린 돈을 갚는다는 건 그 동네 말고 어느 곳에도 사례가 없지 않소."

한 은행가는 유누스에게 전국으로 실험을 확대하면 실패할 거라는 말도 건넸어요. 하지만 유누스는 확신을 갖고 대답했어요.

"그렇지 않습니다. 이 실험을 마을 단위에서 지역 단위로 확대해도 분명 성공할 겁니다."

그의 이런 용기에 주위는 더 소란스러워졌어요. 누군가 그에게 말했죠.

"우리를 설득하려면 그 사업을 방글라데시의 모든 지역에서 해 보시오!"

가난한 사람을 위한 은행을 꿈꾸다

유누스는 물론 자신감 넘치는 말투로 대답했어요.

"그러라고 한다면, 그러지요."

또 다른 그라민이 필요해

주위에서 유누스를 바라보는 시선은 곱지 않았어요. 유누스는 늘 그들과 정반대로 이야기했거든요. 심지어 은행을 차리고 싶어서 그런다는 의심도 받았어요. 그럴 때마다 유누스는 전혀 그럴 생각이 없다고 손사래를 쳤어요.

"제가 하고 싶은 건 가난한 사람에게 돈을 빌려 주는 일입니다. 가르치는 일보다 제가 잘할 수 있는 일은 없어요."

또 그의 재능을 눈여겨본 한 은행가는 은행 직원으로 들어올 것을 제안하기도 했어요. 경제학 지식도 풍부하고, 현장 경험까지 갖춘 전문가니 은행에서 탐을 냈던 거지요. 이런 제안이 들어오면 유누스는 단호히 말했어요.

"전 은행가가 될 생각이 없어요. 대학에 남고 싶습니다. 마을에서 하는 실험은 제 개인적인 시간을 들여 하는 일이에요."

하지만 유누스는 선택의 순간에 놓이게 돼요. 그라민 시험 지점에서 가난한 사람에게 펼친 대출 사업은 성공했지만, 확장에 대해서는 반대에 부딪혔거든요. 전문가들은 치타공 출신의 대학교수가 사업을 진행해서 성공한 것일 뿐, 다른 지역에 가면 아무런 효과도 없을 거라며 그의 실험을 비하했어요. 그는 이런 세상의 평가에 속이 상해서 이렇게 제안했어요.

"만약 저를 아는 사람이 없는 지역에 가서도 가난한 사람에게 돈을 빌려 주는 이 실험이 성공한다면, 가난한 사람도 돈을 빌리고 갚을 수 있다는 걸 믿으시겠습니까?"

다들 유누스의 발언에 당황했죠. 절대 성공하지 못할 거라고 믿었거든요. 그래서 수도 다카에서 멀리 떨어지지 않은 탕가일이라는 지역에서 사업을 진행해 볼 것을 제안했어요.

"좋습니다. 탕가일로 가겠습니다. 탕가일에 가면 학교 일과 병행할 수 없으니 학교를 2년간 휴직하겠습니다. 만약 실패한다면 사과하고 학교로 돌아가 다시는 실험을 하지 않겠습니다. 대신 성공한다면 전국으로 확대할 수 있게 도와주십시오!"

탕가일의 기적

탕가일은 정치적인 문제로 혼란스러운 상황이었어요. 정치 이념이 다른 사람을 서로 죽이는 일이 자주 일어나 마을 전체가 흉흉했지요. 시체를 보는 일도 있을 만큼 무시무시했답니다. 또 비가 오지 않는 지독한 건기가 계속 이어져 가난과 굶주림에 시달리고 있었고요. 맨땅에 맨손으로 은행 지점을 설립해야 하는 상황이었어요. 엎친 데 덮친 격으로 시험 지점 설립을 도와주기로 한 국영은행은 비협조적이었어요.

1980년대 방글라데시 농촌의 은행에서 일하는 직원은 할 일이 많이 없었어요. 오전 9시에 출근해 쉬엄쉬엄 일하다가 오후 3시에 문을 닫고 퇴근할 정도니 엄청 여유로웠겠죠? 그런데 그라민 시험 지점이 문을 여니 일이 몇 배나 늘어난 거예요. 그래서 대출을 받기 위해 은행에 온 아주머니를 몇 시간 동안이나 기다리게 하고는 일을 처리하지 않고 내일 다시 오라는 말로 모욕한 적도 많았어요. 유누스는 그때의 상황이 얼마나 나빴는지를 회상하며 이렇게 말했답니다.

"우리 지점 직원이 국영은행이 하는 행동에 화가 나서 지역 은행장에게 총을 들이댄 적도 있어요. 그라민 지점에 융자를 더 주지 않으면 총을 쏠 수도 있다고 협박한 거예요."

그 직원을 내보내긴 했지만 더 이상 국영은행의 도움을 받기는 어려웠어요. 유누스는 탕가일 출신의 젊은이를 직원으로 새로 뽑고 다시 일을 시작했답니다. 결국 사업을 시작한 지 2년 만인 1981년 말, 400개가 넘는 마을에서 2만 200여 명이 지점을 이용했어요. 대출을 받기 위해 5,000개의 모임이 만들어질 정도로 인기가 높았지요.

"사람들은 빌린 돈으로 겨를 벗겨서 파는 일을 하기도 했어요. 나무를 활용해 아이스크림 막대를 만드는 사업도 하고, 라디오를 고치는 기술자가 되기도 했고요. 그들은 무려 200가지가 넘는 일을 했습니다."

유누스는 많은 사람의 우려를 뒤로 하고 탕가일 지역의 사업을 성공적으로 이끌었답니다. 하지만 2년 동안의 고생에도 불구하고 전문가들은 여전히 그를 인정하지 않았어요. 아니, 희망의 증거를 보여 준 가난한 사람을 믿지 않은 거겠죠.

"유누스 교수님이 진행하는 실험이 얼마나 지속될 수 있을까요? 앞으로도 실행 가능성이 있나요?"

"이봐요, 직접 확인했잖습니까. 저를 아는 사람이 없는 지역에서도 이 실험은 성공적입니다!"

"그건 유누스 교수가 정말 열심히 일했기 때문이잖아요. 당신 같은 훌륭한 직원이 모든 지점에 있을 수는 없지 않겠어요?"

유누스는 이런 반응에 힘이 빠졌어요.

"열심히 일을 해도 죄가 되는군요."

그는 성난 목소리로 답했지요. 그리고 더 이상 실험으로는 기존 은행에 기대할 것이 없다고 판단했어요. 그는 다시 학교로 돌아가지 않기로 결심했어요. 대신 가난한 사람을 위한 '진짜 경제학'을 현장에서 펼치기로 다짐했답니다.

유누스가 한국 청소년에게 들려준 이야기

혹시 알고 있나요? 유누스는 2006년에 서울을 방문했어요. 서울평화상을 받기 위해 한국에 온 것이지요. 이때 유누스는 한 대학에서 강연을 했답니다. 이날 유누스는 무슨 이야기를 했을까요? 그는 한국 청소년에게 다섯 가지 이야기를 전했어요.

첫째, 작은 변화부터 시작하세요.

유누스는 처음부터 은행을 만들기 위해 일을 한 건 아니었어요. 단지 일터 가까운 곳에 있는 마을 사람들의 처지를 외면하지 못해 실험을 시작한 거예요. 작은 마을에서부터 시작한 일이 점점 커지게 되었죠. 이처럼 그는 큰 변화보다 작은 변화를 만들기 위해 노력하라고 조언해요.

둘째, 고용되려고 하지 마세요.

취업도 어렵고, 공무원 시험에 합격하기도 어려운 시대에 고용되려고 하지 말라는 유누스의 이야기는 이상하게 들릴 수도 있어요. 그는 청소년, 청년이 새로운 모험에 도전하지 않는 걸 안타까워했어요. 자신은 편안한 교수 자리를 박차고 나와 새로운 세상을 만들기 위해 노력했으니까요. 그래서 자기보다 더 젊고, 기회가 많은 청소년이 먼저 스스로 하고 싶은 일을 찾기를 바라요.

셋째, 가끔은 아무것도 모르는 게 더 좋은 결과를 가져옵니다.

우리는 고등학교를 졸업하면 대학에 가고, 대학을 졸업하면 취업을 해야 한다는 단계를 정해 놓고 있어요. 그 뒤의 삶도 어느 정도 예상할 수 있지요. 하지만 유누스는 예정된 길이 아닌, 아무도 모르는 길을 개척하기를 바란답니다.

넷째, 왜 안 되냐고 되물어 보세요.

유누스는 가난한 사람을 믿지 못하는 이들에게 늘 이야기했어요. "왜 그들은 안 됩니까? 왜 그들을 믿지 못합니까?" 유누스는 사람은 모두 평등하고 각자가 가진 재능이 있다고 믿어요. 그래서 항상 질문해요. "부자든 가난한 사람이든 같은 혜택을 누릴 권리가 있습니다. 가난하다고 해서 왜 안 되나요?"

다섯째, 빈곤은 제도 속에서 생겼기 때문에 반드시, 분명히 없앨 수 있어요.

유누스는 단호히 말했어요. 가난한 사람은 그들이 게을러서 가난에 빠진 것이 아니라 정책과 사회 시스템이 잘못되었기 때문이라고요. 그래서 그는 사람을 신뢰하고 시스템을 바꿔 나가면 세상을 바꿀 수 있을 거라 믿어요.

사람에 대한 믿음이

기적을 만들었어

그라민 은행이
탄생하다

"그라민 은행에서 돈을 빌리기 위해서는
가난하다는 것만 증명하면 됩니다."

무함마드 유누스

자, 이제 더 이상의 실험은 필요 없겠죠? 다른 어떤 은행의 도움도 받지 않
는 독립적인 은행을 만들어야 할 때가 온 거예요. 유누스는 그라민 은행의
주인은 가난한 사람들이라고 생각했어요. 무엇보다 그는 가난한 사람의 의
지와 능력을 믿었답니다. 그리고 그들의 삶도 조금씩 나아졌어요.

비난과 우려 속에서

그동안 유누스는 조브라 마을, 탕가일 지역에서 가난한 사람을 믿고 돈을 빌려 주는 실험을 열심히 해 왔죠. 하지만 학교를 그만두겠다는 생각은 한 번도 한 적이 없었어요. 그런데 더 이상 국영은행이나 기존의 은행에 기대할 것이 없다고 판단했어요. 그래서 발표회장이나 전문가와 만나는 자리에서 독립에 대한 이야기를 꺼내곤 했어요.

"제가 지난 2년간 가난한 주민과 함께한 결과를 보여 드렸지만 달라진 게 없습니다. 오히려 국영은행은 우리의 존재를 귀찮아할 뿐이지요. 우리의 실험은 어느 은행에 소속되어서는 미래가 밝지 않다는 걸 잘 알게 되었습니다."

기존의 은행이 지원을 끊으면 대출 사업도 할 수 없고, 직원에게 임금도 줄 수 없었어요. 무엇보다 마을에서 철수하게 되면, 그동안 혜택을 입던 주민들이 다시 고리대금업자에게 목을 매고 살 수밖에 없을 현실이 뻔히 보였어요.

"그라민 시험 지점은 더 이상 실험을 하지 않겠습니다. 대신 독립적인 기관으로 만들겠습니다."

유누스의 이런 호기로운 도전은 정치가, 학자, 개발 전문가의 반대에 부딪혔어요. 그들은 유누스의 실험이 기존 경제학의 흐름

사람에 대한 믿음이 기적을 만들었어

이나 이론과 맞지 않는다며 반대 의사를 밝혔어요.

"그라민 시험 지점은 가난한 사람에게 빵부스러기를 던져 주는 사업에 불과합니다!"

"대출로 인해 오히려 땅 없는 사람들이 함께 모여 반기를 들 수 있는 기회를 없애 버렸어요!"

"공식 기관이라고요? 유누스라는 한 사람의 능력만 믿고 일을 추진할 수는 없지요. 유누스는 복제가 안 되잖소!"

결국 유누스를 돕던 은행가들까지 등을 돌리고 말았어요. 은행의 한 지점으로는 괜찮지만 독립은 안 된다는 거죠. 지지자도 점점 줄어들었고요.

"그렇다면 이제부터 저는 여러분의 도움을 일체 받지 않겠습니다. 한 푼도 주지 않아도 됩니다. 제가 자금을 조달하겠습니다. 그렇게 해도 안 되겠습니까?"

그제야 은행장과 전문가들은 그의 제안을 받아들였어요. 하지만 이제 누구에게 마을 지점 운영비나 대출금을 지원받아야 할까요? 유누스는 국제기관에 편지를 쓰기 시작했어요. 그런데 간절히 원하면 뜻이 이루어진다는 말이 정말 맞나 봐요. 그가 한 실험에 관심을 보인 포드 재단Ford Foundation이 방글라데시로 날아와 현장을 방문한 거예요.

"대단하네요! 이렇게 생각을 전환할 수 있다니 놀랍군요. 유누스 박사가 제안한 지원금 요청을 받아들이겠어요."

이어서 국제 농업개발 기금에서도 관심을 보여 그곳에서 돈을 빌릴 수 있었어요. 당시 유누스는 마음고생이 엄청나게 심했답니다. 자신의 실험을 독립적으로 꾸리기 위해 많은 사람과 논쟁을 벌이고 싸우기도 했으니까요.

그런데 그를 더 힘들게 한 건 부인 베라와의 관계였어요. 유누스는 1977년 3월에 첫 딸을 낳았어요. 방글라데시가 워낙 덥기도 하고 위생이 좋지 못하니 베라는 미국으로 갈 준비를 했지요. 하지만 유누스는 이를 반대했어요. 두 사람은 좀처럼 의견 차이를 좁히지 못했고, 결국 10년 만에 관계를 끝내게 돼요. 그는 매일 밤 미국으로 간 딸을 그리워하며 고통스러운 시간을 보냈어요.

정부의 인정을 받기까지

이러한 상황에도 불구하고 그는 자신이 계획한 일을 꼭 수행하고 말겠다는 각오였어요. 1981년, 유누스는 결국 대학교수 자리를 내려놓아요. 그토록 좋아했던 학생을 가르치는 일까지 그만두고 그라민 은행을 독립적인 기관으로 만들 준비를 시작한 거예요. 그리고 드디어 그를 믿고 적은 월급에도 묵묵히 실험을 수행한 제자들에게 이렇게 선언한답니다.

사람에 대한 믿음이 기적을 만들었어

"우리 함께 그 어디에도 없는 가난한 사람을 위한 은행을 만들어 봅시다!"

유누스는 조브라 마을, 탕가일 지역에서 운영했던 마을 지점을 100개로 늘릴 계획을 세웠어요. 그리고 독립 기관으로 인정받기 위해 이리저리 뛰어다니다 정부 고위 공직자인 무히드를 찾아갔어요. 무히드는 그가 미국에서 방글라데시 독립 전쟁을 지원하고 있을 때 만난 사이라 친분이 있었지요.

"장관님, 제가 한 실험을 그라민 은행이라는 독립된 기관으로 만들고 싶습니다. 그런데 주위에서 좀처럼 인정하지 않네요……."

유누스의 말을 가만히 듣고 있던 무히드는 며칠 뒤에 다시 찾아오라며 그를 돌려보냈어요. 그런데 얼마 후 텔레비전에서 "재정경제부 장관 임명자 무히드"라는 뉴스가 보도되었죠. 유누스는 속으로 무척 기뻤어요. 무히드 장관에게 큰 도움을 받을 수 있으리라 생각했거든요. 몇 달 뒤, 그는 다시 무히드 장관을 찾아갔어요. 무히드 장관은 유누스를 맞으며 말했지요.

"다음번 중앙은행 회의 때 그라민 은행에 자격을 부여하는 안건을 올릴 계획입니다."

알고 보니 무히드 장관은 유누스가 진행한 실험의 열렬한 응원자였어요. 무히드 장관은 주위의 반대를 무릅쓰고 '그라민 시험 지점'을 '그라민 은행'으로 공식 자격을 부여하는 안을 대통령에게 직접 올렸대요. 파격적인 일이었어요. 방글라데시는 그때도 정치적으로 안정돼 있지 않았거든요. 나라가 혼란스러운 와중에도 대통령은 무히드 장관이 올린 안에 서명을 했답니다. 드디어 그라민 은행이 정부에서 인정하는 공식 기관이 된 거예요!

마을을 위한 은행을 만들자

그라민이라는 이름은 방글라데시 언어인 뱅골어 '그람'에서 따왔어요. 그람은 마을이라는 뜻을 지니고 있어요. 그러니까 그라민 은행은 마을 사람, 마을을 위한 은행이라는 의미예요. 유누스는 은행의 로고도 마을에서 따와야 한다고 생각했어요. 그래서 농촌을 상징하는 전형적인 시골집 모양에 새로운 삶을 의미하는 초록색을 집어넣었어요.

"자, 이걸 그라민 은행 로고로 사용하는 게 어떨까요?"

그는 무잠멜, 누르자한, 다이안 등 그와 함께한 제자와 직원에게 로고를 보여 줬어요. 그들은 로고를 보고 빙그레 웃으며 고개를 끄덕였답니다. 유누스는 직접 만든 로고를 소개 책자와 편지지에 바로 넣어 사용할 정도로 신이 났어요. 공식 창립 행사가 열리는 행사장 입구에도 이 로고를 볼 수 있도록 그림을 그렸고요.

사람에 대한 믿음이 기적을 만들었어

창립 행사는 수도인 다카에서 열리지 않았어요. 그라민 은행을 가장 많이 이용하는 농촌 마을에서 창립을 기념하기로 했거든요. 하지만 정부 관리들은 큰 도시에서 행사를 진행하지 않는다는 이유로 참석을 거부하기도 했어요. 도시에서 행사를 열어야 한다는 요구에 유누스는 단호히 거절해 버렸어요.

"그라민 은행의 주인은 마을에 사는 가난한 사람이에요. 정부 공무원이 작은 마을까지 올 수 없다는 이유로 도시에서 행사를 열게 되면, 정작 은행의 주인이 참석하지 못하는 일이 일어나요. 우리 은행은 농촌에 기반을 둔 가난한 사람을 위한 은행입니다."

사람을 믿는다는 것

호기롭게 창립 기념 행사를 마친 유누스는 곧바로 일을 시작했어요. 그라민 은행이 필요한 사람이 너무 많아 시간을 지체할 수 없었거든요. 우여곡절 끝에 그라민 은행을 어느 누구에게도 의존하지 않는 독립된 기관으로 만들었지만, 아직 농촌 사람들에게 그라민은 생소한 존재였어요. 마을 사람을 만나고 이야기하는 데 익숙한 그였지만 사람들의 경계심 가득한 눈초리를 받는 건 꽤 힘든 일이었답니다. 그럼에도 그는 마을 사람을 만나 직접 그들의 목소

유누스가 직접 만든 그라민 은행 로고

그라민 은행 마을 지점 입구에는 그라민 은행을 상징하는 로고가 붙어 있어요.

리를 듣는 데 힘을 쏟았어요.

마을에는 상상하지도 못할 일이 많이 일어났어요. 어느 날, 한 아주머니와 이야기를 나누면서 유누스는 다시 한 번 심각한 현실을 마주했어요.

"그라민 은행에서 우리 집을 방문할 때는 미리 언제 오는지 알려 줬으면 좋겠어요."

아주머니는 조심스럽게 유누스와 그라민 은행 직원에게 말을 건넸어요. 당연히 서로 예의를 차려야 한다고 대답하자 아주머니는 솔직한 사정을 털어놓았죠.

"예의라기보다…… 제가 옷을 하나밖에 가지고 있지 않아요. 이걸 빨면 입을 옷이 없어서 다 마를 때까지 벌거벗은 채 저 구석에 숨어 있어야 하거든요."

아주머니는 방 한구석을 가리키며 부끄러워 고개를 푹 숙였어요. 실제로 마을에는 집만 가졌을 뿐 살림살이라고는 아무것도 없는 사람이 많았어요. 집 안에 들어가 보면 가구나 그릇도 하나 없이 덩그러니 흙만 칠해진 경우가 대다수였어요. 옷이 없어 너덜너덜한 천으로 대충 옷을 해 입은 사람도 많았지요. 그래서 유누스는 주민을 만나면 늘 물었어요.

"오늘 무엇을 먹었나요? 아이들은 학교에 가나요? 아이들 밥은 챙겼나요?"

누군가는 유누스가 이렇게 사람들의 먹을 것, 입을 것, 돈 버는 일과 관련해 시시콜콜 질문을 하는 걸 은행가답지 않다고 말해요. 이런 지적에 그는 은행이 무엇을 알아야 하는지 다시 되물어야 한다고 답했어요.

"지금 만나고 있는 사람이 어떻게 사는지 정확하게 아는 일은 어떤 것보다 중요해요. 은행은 돈을 빌리러 오는 사람에 대해서 자세히 모르기 때문에 집이나 땅 같은 담보를 요구하는 거예요."

유누스는 그라민 은행은 기존 은행과 달라야 한다고 생각했어요. 기존 은행은 그 사람이 가진 재산으로 사람을 평가해요. 그래서 가진 것이 없는 가난한 사람을 믿지 못하죠. 하지만 그라민 은행은 가난하든 담보가 없든 관계없이 어떻게 생활을 꾸려 갈 건지, 그만큼의 의지는 있는지를 보고 그것만 믿었어요. 유누스는 소수의 부자보다는 다수의 가난한 사람을 위한 은행을 만들어 나갔어요. 무엇보다 그는 사람을 믿었답니다.

"우리는 신용이라는 것이 소수의 부자에게만 있는 특권이라는 생각을 버려야 해요. 주변의 마을에 가 보십시오. 그들은 정말 열심히 살고 있어요. 재능도 있고 총명한 사람들이에요."

유누스는 돈이 부족할 뿐, 그 외의 것은 충분히 가지고 있는 사람이 삶을 바꿀 수 있는 환경을 조금씩 만들어 갔어요. 그래서 그라민 은행은 이용하는 사람이 지분을 가질 수 있고, 실제로 농민들이 60퍼센트의 지분을 갖고 있어요. 여기에는 은행을 이용하는 고객이 은행의 주인임을 강조하고 그들을 믿는다는 뜻이 담겨 있어요.

이슬람 규율과 삶의 지혜 사이

그라민 은행이 처음부터 승승장구한 건 아니에요. 그라민 시험 지점을 열었을 때처럼 마을 주민의 의심은 계속되었죠. 처음 그라민 은행의 대출을 접한 사람은 이런 은행이 있다는 걸 믿지 못했어요. 자신은 항상 은행에서 거부만 당했으니까요. 심지어 근거 없는 소문이 돌기도 했어요.

"그라민 은행에서 돈을 빌렸다가 갚지 못하면 재산을 모조리 몰수하고 감옥에 보낸대. 너무 무서워."

"국제 범죄 조직과 연계되어 있다는 소문이 있어. 이런 일에 휘말리면 안 돼."

"유누스라는 사람이 여자를 밝힌대. 우리 집안 여자와 절대 마주치게 해서는 안 돼."

그라민 은행의 등장은 농촌 지역에 혼란을 가져다주기도 했어요. 가장 예민한 문제는 바로 종교 문제였지요. 방글라데시 국민은 이슬람교라는 종교를 믿잖아요. 이슬람에는 여러 가지 규율이 있어요. 하루에 다섯 번 신메카을 향해 시간에 맞춰 절을 하는 것은 기본이에요. 또 이슬람에서는 이자를 받는 것을 금지하고 있어요. 종교 규율에 있는 내용이기 때문에 이슬람 율법 학자들은 그라민 은행을 비판했어요.

"그라민 은행은 이슬람의 규율을 따르지 않습니다. 이 은행을 이용하면 죽어서도 편히 눈 감지 못할 거요!"

유누스는 이런 비판에 맞서지 않았어요. 이자를 받지 말라는 이슬람교의 규율이 있음에도 농촌 지역 대부분에서 이자를 받는 사업이 번성했거든요.

"농촌 지역으로 한번 가 보세요. 그곳에는 아주 독실한 이슬람교도들이 많아요. 또 그들은 부자이기도 해요. 그런데 이들 중 다수는 이자로 돈을 벌어들이는 고리대금업자예요. 많은 사람이 이 사실을 알고 있을 겁니다."

방글라데시는 떼려야 뗄 수 없을 만큼 이슬람 문화가 생활 속에 깊이 들어 와 있어요. 물론 유누스도 이슬람교도고요. 하지만 현실에서 가난한 사람은 고리대금업자 때문에 빚에 허덕이고 있어요. 규율은 책에만, 머릿속에만 있었던 거예요. 유누스는 이슬람 규율과 다를지라도 실제로 필요한 삶의 지혜를 만들어야 한다고 생각했어요.

여성들이여,
세상으로 나가자

"가난한 여성에게 사업을 시작할 수 있게 해서
가족과 공동체를 빈곤으로부터 벗어나게 일으켜 세우는
그라민 은행의 대출 제도, 그 큰 힘에 감명받았다."

힐러리 클린턴, 전 미국 국무장관

은행에서 돈을 빌리는데 아버지나 남편이 같이 가 줘야 한다면? 여자는 얼마나 불편하고 갑갑할까요. 그런데 실제로 이슬람 사회에서는 흔한 일이에요. 심지어 다른 남자에게 모습을 보여서도 안 된답니다. 그라민 은행은 이슬람 규율 때문에 고통받는 여성을 더 힘껏 응원했어요. 여성이 당당해지기를 바랐거든요. 여성들이여, 힘을 내요.

네? 남편과 상의하라고요?

이슬람의 벽을 넘으니 또 다른 산이 나타났어요. 유누스에게는 율법학자들보다 더 큰 산이었어요. 그가 어려워한 대상은 바로 여성이랍니다. 이슬람교를 믿는 나라는 방글라데시 외에도 터키, 인도네시아, 이란 등 전 세계에 많은데, 국가에 따라 이슬람 규율을 따르는 정도의 차이가 있어요. 그중 방글라데시는 성별에 따라 지켜야 할 규율과 문화를 철저히 지키는 편에 속해요. 그래서 보수적인 생활 방식이 많아요.

그라민 은행의 직원 중 남자는 마을로 들어가도 여성과 쉽게 대화를 나누기 힘들었어요. 주민의 생활을 속속들이 파악해야 하는데 남자라서 접근조차 거부되었던 거예요. 그 이유는 '푸르다'라는 것 때문이었어요. 푸르다는 장막, 베일이라는 뜻인데, 이슬람 경전인 코란에도 나와 있을 정도예요. 그 내용은 아주 까다로워요.

"여자는 가까운 가족을 제외한 그 어떤 남자에게도 모습을 보여서는 안 된다."

푸르다는 남자가 여자를 보지 못하도록 여자가 장막 뒤에 숨거나 천으로 몸을 가리는 문화를 말해요. 이슬람 국가의 사진 중에서 여자가 눈만 내놓고 나머지는 검은색 옷으로 꽁꽁 둘러싼 모습을 본 적이 있을 거예요. 이렇게 푸르다를 엄격히 적용하면 입는

사람에 대한 믿음이 기적을 만들었어

옷까지 제한받아요.

농촌에 사는 여성은 집 밖으로 나오려면 남편의 허락을 받아야 하는 경우도 있어요. 그만큼 결혼한 여성이 가정을 벗어나는 활동을 하는 일이 드물어요. 아무리 그라민 은행이 "여성들이여, 우리 은행에 와서 여성을 위한 대출을 받으세요!"라는 포스터를 붙여도 오는 사람이 없었죠. 농촌에는 글을 읽을 수 있는 여성도 드물었고요.

이런 상황에서 유누스는 여성 주민과 조금이라도 가까워지기 위해 애썼어요. 그라민 은행의 여성 직원을 앞세우고서요. 유누스는 마을로 들어가면 대문을 두드릴 수도 없었거든요. 그만큼 이슬람 사회의 규율이 엄격했던 거예요. 그는 마을 사람이 모두 볼 수 있는 공개된 공터에 자리를 잡고 사람이 오기를 기다렸어요. 어떤 때에는 대문 앞에 서서 그라민 은행이 어떤 일을 하는지 조근조근 설명하기도 했답니다.

집 안에 있던 여성이 대답이나 질문을 하면 너무 기뻐했어요. 그럼에도 그는 여자들과 직접 대화할 수 없었어요. 함께 마을을 방문한 여자 직원이 서로의 대화를 전달하는 복잡한 방식으로 이야기를 이어 나갔지요. 여자 직원이 말을 전하느라 한 시간이 넘도록 뛰어다닌 적도 있어요. 남편에게 항의를 받는 일도 많았고요.

"어디서 낯선 남자가 내 아내에게 말을 거는 거요? 이 집 앞에서 당장 나가시오!"

그럴 때면 유누스는 물러서지 않고 그라민 은행이 어떤 일을 하는지 설명했어요. 은행을 시작하고 오랫동안 이런 일이 반복됐어요. 그런데 매일매일 유누스가 마을을 찾아오니 여자들도 그에게 마음을 열기 시작했답니다. 어느 날은 담장에 기대어 대화하다가 한쪽 벽이 무너져 버려서 여자들과 합석을 해 직접 대화를 나눴어요.

"돈을 빌린다는 거 자체가 너무 겁나요. 돈 관리는 모두 남편이 하고 저는 한 푼도 없어요."

"돈을 빌릴 생각을 한 번도 한 적이 없나요? 하고 싶은 일도 있을 텐데……. 아이들을 학교에 보내고 먹을 것도 살 수 있잖아요."

"남의 돈을 빌려 쓰는 게 무서워요. 남편과 이야기하세요."

대부분 대화의 결론은 '남편'이었어요. 유누스는 왜 이토록 여자들이 은행을 이용하길 바랐던 걸까요? 왜냐하면 수차례 대출을 해 주다 보니 남자보다 여자가 더 생활력이 있고 돈을 제대로 쓸 줄 안다는 사실을 알았거든요. 남자는 돈을 받으면 자신이 쓸 물건이나 친구와의 모임에 돈을 썼어요. 반면 여자는 아이를 위한 음식과 옷을 사고 가족을 위해 돈을 사용했어요. 이런 까닭에 그라민 은행은 여성에게 더 집중했답니다.

'푸르다'의 벽을 넘어서

유누스가 치타공 대학교 교수로 있을 때부터 함께 그라민 은행 실험을 시작한 여자 직원이 있어요. 그녀의 이름은 누르자한 베굼이에요. 여자는 낯선 남자를 만나는 일을 해서는 안 된다는 집안의 반대에도 불구하고 그라민 은행에서 첫 직장 생활을 시작했어요. 누르자한은 유누스의 일을 도와 푸르다의 벽을 넘어서는 데 애썼답니다. 그녀는 이슬람 사회에서 여성이 가져야 하는 권리에 대해 분명한 태도를 갖고 있었어요.

"우리는 지역 여인들이 푸르다의 전통에서 벗어날 수 있도록 도와야 해요. 여성은 돈을 빌리는 것 자체를 죄라고 생각하기 때문에 그렇지 않다고 설명하고, 이제는 사회에서 여성을 필요로 한다고 끊임없이 알려 줘야 해요."

유누스는 누르자한 외에도 프리티라는 여자 직원을 고용했어요. 그녀는 방글라데시 독립 전쟁이 일어났을 때 남편을 잃고 열일곱의 나이에 홀로 살아가야 하는 어려운 상황이었지요. 하지만 다행히 그라민 은행에 취업을 했고 큰 역할을 했어요. 프리티는 결혼한 여성이었고 또 불교신자여서 푸르다의 영향을 받지 않고 마을 여성들을 만날 수 있었거든요.

이들의 노력으로 마을 여성들은 푸르다의 벽을 넘어서기 시작

그라민 은행의 여성 직원, 누르자한 베금.
그녀는 어려운 환경에도 마을을 다니며 여성들의 삶을 조사하고 그들을 도왔어요.

했답니다. 그중 하에라 베굼이라는 여성은 여자도 경제생활에 참여할 수 있다는 걸 보여 줬어요. 처음에는 그녀도 그라민 은행 직원과 대화를 나눌 때 불안한 기색이 역력했지요.

"저는 어릴 때부터 여자로 태어났다는 이유로 부모님께 구박을 받았어요. 여자아이는 결혼시킬 때 돈이 많이 들거든요. 남자 집에 지참금*을 보내야 하는데, 우리 집 형편으로는 감당하기 어려웠던 거예요. 그래서 저는 제가 쓸모없는 사람이라고 생각하며 평생을 살았어요."

자신을 비하하던 이 여인은 2000타카약 2만 6천 원를 빌리게 되었어요. 돈을 받은 하에라는 감격해서 하염없이 눈물을 흘렸대요. 처음으로 자신의 의지로 돈을 만져 본 순간이었거든요. 하에라는 그라민 은행에서 빌린 돈으로 송아지 한 마리를 샀어요. 송아지를 끌고 집에 나타나자 그녀의 남편은 기쁨을 감추지 못했어요.

"이혼하겠다는 말은 취소하지. 당신이 도움이 될 때도 있구려."

지참금이 부족하다는 이유로 이혼당할 위기에 처했던 그녀는 그라민 은행 덕분에 위기를 벗어났어요. 1년 후, 하에라는 원금을 갚았어요. 그리고 다시 돈을 빌린 뒤 바나나 나무 60그루를 심고,

---

* **지참금** 신부가 혼인할 때 신랑집에 가지고 가는 돈, 물건을 뜻해요. 남아시아에서는 지참금이 부족하면 여자가 이혼을 당하거나 구박받는 등 폐해가 많아요. 그라민 은행에서 "지참금을 주지도 받지도 말자"는 규율을 만들었지만, 실행에 옮기는 데는 어려움이 따른다고 해요.

남은 돈으로 송아지를 구입했답니다. 점점 안정을 찾으며 송아지, 염소, 닭을 키워 아이를 학교에 보내고 세 끼를 배불리 먹이게 되었어요.

그녀는 그라민 은행을 '어머니'라고 이야기해요. 생명을 준 존재라는 뜻이죠. 이처럼 여러 성공 사례를 직접 보면서 그라민 은행을 찾는 여성은 점점 늘어 갔어요. 그만큼 장막 뒤에 숨는 여자들의 수도 줄어들었답니다.

목소리를 내기 시작한 여성들

여자가 돈을 빌리는 건 우리에게는 너무나 당연한 일이에요. 그런데 방글라데시에서는 깜짝 놀랄 사건이었어요. 그라민 은행이 만들어질 당시, 기존의 은행은 남자만 이용할 수 있었어요. 법이나 규율이 딱히 정해져 있는 것도 아니었지만, 여자는 은행을 이용하기 어려웠답니다. 아무리 돈이 많은 여자여도 아버지나 남편의 동의가 없으면 은행을 이용할 수 없었어요. 여자가 은행을 찾아와 돈을 빌리려고 하면 먼저 질문이 이어져요.

"보호자의 동의가 있나요?"

"보호자라고 하면……."

"부인의 아버지나 남편이 동의해야 은행을 이용할 수 있습니다."

"네, 그들도 동의했습니다만……."

"그렇다면 다음에 아버지나 남편과 함께 오도록 하세요."

이런 까닭에 여자가 은행을 이용한다는 건 상상도 못할 일이었어요. 유누스는 그라민 은행을 시작할 때, 적어도 은행을 이용하는 사람의 50퍼센트는 여성이 되도록 하겠다는 목표를 세웠어요. 아내가 그라민 은행에서 대출을 받기 위해 집을 나설 때 남편은 부인을 믿지 않거나 무시하기 일쑤였죠.

"당신이 돈을 빌린다고? 남자도 담보 없이는 은행에서 돈을 빌리기 어려운데, 아무것도 없는 아줌마가 어떻게 은행을 이용할 수 있겠소?"

여성들은 그라민 은행이 아무것도 요구하지 않는다는 것을 소문으로 알고 있었어요. 땅문서나 서류도 필요 없었죠. 글을 읽을 수 없어도 돈을 빌릴 수 있다는 사실은 여인들에게 큰 힘이 되었어요. 아주머니들은 돈을 빌리면 악착같이 일해서 원금과 이자를 갚았답니다. 그래서 처음에는 여자들을 믿지 못했던 마을 사람과 가족도 점차 여성의 능력을 인정하게 돼요. 그라민 은행에서 일하는 마힌 술탄은 여성들의 이런 변화가 경이롭다고 말해요.

"처음에는 그라민 은행에서 돈을 빌려도 자신만만하지 않아요. 그런데 일을 꾸려 나가고 집안 경제에 보탬이 되면서 어깨가 쓱 올라가는 걸 보게 돼요. 당당해져요. 남편에게 큰소리를 내기도

그라민 은행 마을 지점 앞에 선 여성 대출자의 모습

그라민 은행을 통해 쌀 정제 사업을 시작한 한 아주머니가 수줍게 공장을 안내해 줬어요.

하고요. 부부 관계가 바뀌고 있는 거예요. 남편도 늘 무시하던 부인이 경제적 능력이 있는 걸 보고는 부인을 인정하게 되지요."

왜 여성에게 돈을 빌려 주는지 묻지 마세요

여성이 당당해지는 모습을 보면서 다른 은행은 어떤 반응을 보였을까요? 유누스는 어느 날 한 통의 편지를 받았어요. 한 정치인이 보낸 거예요.

유누스 은행장님께.

그라민 은행을 이용하는 상당수가 여성이라고 들었습니다. 어째서 은행을 이용하는 여성이 이렇게 많은지 저에게 답해 주십시오.

유누스는 이 편지를 받고 잠시 언짢았지만 곧 답장을 보냈어요.

우리 그라민 은행에 관심을 가져 주셔서 감사합니다. 그라민 은행을 이용하는 여성이 많은 이유를 알려 드리기에 앞서서 의원님께 질문이 있습니다. 의원님께서는 다른 은행은 어째서 대부분 남성에게만 대출을 해 주는지 질문하신 적이 있는지요? 답변해 주시면 저도 성실히 대답하겠습니다.

유누스는 그라민 은행이 왜 여성에게 대출해 주는지 대답하기에 앞서, 왜 여성은 은행을 이용하는 데 장벽이 있는지 궁금했어요. 그리고 다른 은행은 주로 남성에게만 대출을 허용하는데, 왜 이에 대해서는 아무런 의문을 갖지 않는지 정치인에게 일침을 가한 거예요.

　정치인은 그의 편지에 답장을 했을까요? 그 뒤로 유누스는 아무런 답장을 받지 못했어요. 또 두 번 다시 이런 어리석은 질문을 하는 사람도 없었답니다.

사람에 대한 믿음이 기적을 만들었어

우리가 마을로
찾아가겠습니다

"어떻게 가난한 사람을 믿고 돈을 빌려 줄 생각을 하셨습니까?"

"기존 은행의 방식과 정반대로 했을 뿐입니다."

무함마드 유누스, 어느 인터뷰에서

그라민 은행은 다른 은행과 정반대로만 하는 청개구리 은행이에요. 자, 한 번 볼까요? 기존 은행은 담보와 신용을 가장 중요하게 여기는데, 그라민 은 행에겐 그런 게 필요 없어요. 또 보통 은행은 사무실에 앉아서 사람들이 돈 을 빌리러 오기를 기다리는데, 그라민 은행은 직접 마을로 찾아가서 돈이 필요하지는 않은지, 어떻게 지내고 있는지를 살펴요. 정말 멋지지 않나요?

독특한 대출 시스템

그라민 은행이 농촌 지역에 있는 가난한 사람이 편하게 이용하는 은행이 된 건 그라민 은행만의 독특한 시스템 덕분이에요. 유누스는 그라민 은행의 성공 비결을 묻는 사람에게 한결같이 이렇게 답해요.

"하하. 비결이 있을까요. 우리는 그저 다른 은행이 어떻게 하는지 보면서 그것과 정반대로만 했을 뿐입니다."

유누스는 그동안 여러 은행을 경험하면서 몇 가지 깨달은 게 있어요. 기존의 은행은 가난한 사람, 땅이 없는 사람, 배우지 못한 사람, 글을 읽을 수 없는 사람을 인정하지 않는 기관이라는 거죠. 사무실에 가만히 앉아 돈 있는 사람을 기다리기만 할 뿐 정작 은행이 필요한 사람에게 다가가지 않는다는 것도요. 그래서 그라민 은행은 정반대의 방식을 취했답니다.

그라민 은행의 농촌 지점은 번잡한 도시에 사무실이 있지 않아요. 정말 농촌 마을에 자리 잡고 있어요. 마을에서 걸어서 5분, 자전거를 타면 3분이면 올 정도로 가까운 거리에 있죠. 뿐만 아니라 은행 직원이 늘 마을 사람을 찾아가요.

"직원 여러분, 여러분이 마을 사람에게 다가가야 합니다. 가난한 사람은 은행 안으로 들어간다는 것만으로도 겁먹을 정도로 세상 물정을 잘 모릅니다. 그래서 우리가 그들 곁으로 가야 해요."

그라민 은행은 돈이 필요한 사람을 만나거나 대출을 원하는 사람을 만나면 무엇부터 물어볼까요? 우선 다섯 명의 그룹을 만들었는지 물어봐요. 그리고는 큼지막한 종이를 꺼내 들고 질문 공세가 이어져요.

"아이는 몇 명입니까?"

"아이는 모두 학교를 다니고 있습니까?"

"먹는 물은 어떻게 구하나요?"

"집 안에 의자, 가구, 침대, 라디오가 몇 개나 있나요?"

"소, 염소, 닭, 오리 등 어떤 가축을 키우고 있나요?"

기존의 은행이라면 담보가 얼마나 되는지, 보증인이 있는지부터 물었을 거예요. 그런데 놀랍게도 그라민 은행에서는 이런 사소한 걸 물어봐요. 질문에 답을 하면 직원이 직접 대출 요청을 한 사람의 집을 방문해요. 집안 사정이 어떤지 다시 한 번 자세히 살펴보는 거지요. 이건 대출자를 믿지 않는 게 아니라, 그들의 상황을 직접 보고 판단하기 위해서예요.

그 뒤 대출 원금과 이자를 어떻게 갚을지 직원과 충분히 상의해요. 그렇다고 그라민 은행이 대출을 결정할 수 있는 건 아니랍니다. 다섯 명으로 이뤄진 그룹 구성원에게 동의를 받아야 하거든요. 모두 동의하면 대출이 이뤄져요.

만약 그룹을 이룬 사람 중 돈을 잘 갚지 않는 사람이 있다면 대출이 어려워져요. 다섯 명이 한 그룹이 되어 서로를 의지하고 대출금을 잘 갚아 나갈 수 있도록 독려하는데, 이게 힘들면 대출 조건이 성립되지 않거든요. 유누스는 여기에 독특한 방식을 하나 더 집어넣었어요.

"대출금을 갚아 나가는 데 은행이 적극적으로 합류하는 겁니다. 보통 은행은 돈을 빌려 준 뒤에는 그 사람의 삶에 관심이 없어요. 돈을 갚지 않으면 그제야 대출자에게 연락하죠. 그런데 우리는 매주 한 번, 또는 매달 한 번 꼭 대출자를 만나서 재정 상태가 어떤지, 빌린 돈이 가족을 위해 사용되고 있는지 확인해요."

이렇게 은행을 이용하는 사람과 은행 직원이 자주 대화를 나누니 관계가 친밀해질 수밖에 없답니다.

열여섯 가지 약속

그라민 은행은 담보를 요구하지 않지만, 어쩌면 더 까다로운 조건을 내걸어요. 유누스는 가난이 꼭 돈의 문제는 아니라고 생각했어요. 그저 하루에 얼마를 번다는 것만으로 한 사람의 삶을 판단하는 건 문제가 많다고 여겼지요. 그래서 1982년에 그라민 은행 지점을 책임지는 담당자들과 모여 '우리의 결심 열 가지'를 만들어요. 이게 대출자들에게 인기를 끌어서 1984년에는 여섯 가지를 더 추가해 '우리의 결심 열여섯 가지'가 확정되었어요. 과연 어떤 내용일까요?

1. 그라민 은행이 정한 규율, 단합, 용기, 성실이라는 원칙을 생활 속에서 실천합니다.

2. 우리는 우리의 가족에게 번영을 가져다주도록 노력합니다.

3. 허름한 집에서 살지 않습니다. 사는 집을 수리하고, 가능한 한 빠른 시일 안에 새 집을 짓습니다.

4. 채소를 재배해서 먹고, 남는 것은 판매합니다.

5. 파종기에는 가능한 한 많은 씨앗을 뿌립니다.

6. 가능한 한 아이를 적게 갖고, 지출을 줄입니다. 그리고 건강을 돌봅니다.

7. 자녀를 교육시키고, 교육 비용을 충당합니다.

8. 자녀의 위생과 환경을 생각합니다.

9. 화장실을 만들어 사용합니다.

10. 깨끗한 우물에서 길어 온 물을 마십니다. 물이 깨끗하지 않으면 끓여 마시거나 소독한 뒤 마십니다.

11. 아들을 결혼시킬 때 지참금을 받지 않으며, 딸을 결혼시킬 때

유누스, 빈곤 없는 세상을 꿈꿔 봐

도 지참금을 주지 않습니다.

12. 정의롭지 못한 일을 하지 않으며, 다른 사람이 정의롭지 못한 일을 할 때는 저항합니다.

13. 더 높은 수익을 얻기 위해 집단 투자 비율을 늘려 나갑니다.

14. 언제나 다른 사람을 돕고, 특히 어려움에 빠진 사람을 돕습니다.

15. 은행에서 규율이 깨진 것을 보면 바로잡습니다.

16. 신체를 단련하고 모든 모임에 단체로 참가합니다.

대출자 그룹 리더는 월요일마다 열리는 회의에서 '규율, 단합, 용기, 성실'이라는 그라민 은행의 구호를 함께 외쳐요. 열여섯 가지 결심은 대출을 받기 전 사무실에서 자세한 사항을 교육받고요. 교육은 필수여서 만약 교육을 받지 않으면 대출을 받을 수 없답니다.

현장에 나갈 젊은 직원을 찾아라

그라민 은행을 이용하는 건 쉽기도 하고 어렵기도 하죠? 그런데 시원한 사무실에 앉아 컴퓨터를 다루는 게 아니라, 현장을 누벼야 하는 직원은 또 얼마나 힘이 들까요. 유누스는 기존의 은행과 정반대인 은행을 꾸려 나가기 위해서는 직원 또한 남달라야 한다고

그라민 은행의 대출 서류는 다른 은행과 조금 달라요.
학교에 다니는지, 그릇은 몇 개인지 등 다양한 걸 묻고 이후 대출 심사를 합니다.

매주 월요일, 그라민 은행 대출자 리더 모임이 열려요.
함께 구호를 외치고 그룹별 대출 상환을 정리해요.

생각했어요. 그래서 직원을 뽑을 때도 독특한 방식으로 선발했답니다. 대학을 갓 졸업한 전국의 청년들은 수도 다카에 있는 본점에 와서 면접시험을 치러요.

"가난에 대해 어떻게 생각하나요?"

이 질문은 가난한 사람을 돕는 행동이 선의를 베푸는 거라고 생각하는 건 아닌지 알아보기 위해서예요. 그라민 은행은 가난한 사람을 도와주는 은행이 아니라, 가난한 사람과 함께하는 은행이거든요. 그리고 여성에게는 이런 질문을 하기도 해요.

"마을을 돌아다니려면 걷는 것만으로는 부족합니다. 자전거를 타고 다니면 편한데, 자전거를 탈 생각이 있나요?"

"집에서 멀리 떨어진 곳에서 일할 수도 있는데 부모님이 허락할까요?"

우리가 보기에는 당연한 것이 방글라데시에서는 허용되지 않을 때가 많아요. 보수적인 부모가 보기에 자신의 딸이 고향을 벗어나 농촌에서 기숙 생활을 하며 자전거를 타고 다닌다는 건 상상도 못할 일이에요. 그래서 이런 일을 할 각오가 돼 있는지를 묻는 거예요. 그리고 마지막으로 가장 중요한 질문을 하지요.

"그라민 은행은 본점을 제외하고는 모두 농촌에 있어요. 농촌에 가서 일을 할 수 있나요?"

대부분은 면접 심사에서 당연히 농촌으로 갈 수 있다고 씩씩하

사람에 대한 믿음이 기적을 만들었어

게 대답해요. 하지만 최종 합격자 중 몇 명은 농촌으로 발령을 받은 뒤 회사에 나타나지 않거나, 농촌에 다녀온 후 회사를 그만두기도 해요. 아무 말 없이 사라지는 경우도 많대요. 보통 발령을 받고 8주 안에 신입 사원의 3분의 1이 그만둘 정도니, 그라민 은행의 직원이 되는 게 얼마나 어려운 일인지 알겠죠?

함께 배우고 느끼고 나눠요

그라민 은행을 떠나지 않은 직원도 발령받은 농촌 지점에 가면 어리둥절하기는 마찬가지였어요.

"저…… 사무실에 있는 책상 중에 어느 것을 써야 하지요?"

"사무실에 앉아 있는 시간은 정해져 있습니다. 만약 정해진 시간 외에도 이곳에 있다면 징계를 받게 돼요. 당신이 있어야 할 곳은 사무실이 아니라 마을이에요. 어디든 가세요. 마을에 가서 사람들과 친해지고, 그들의 이야기를 들으세요."

지점장은 신입 직원이 의자에 앉기를 바라지 않아요. 현장에 투입된 지 두 달 뒤, 신입 직원들은 수도에 있는 본점에 모인답니다. 함께 모여 현장에서 경험한 것을 나누고 고쳐야 할 점을 제안해요. 유누스는 젊은이들의 목소리를 귀담아 듣고 은행 경영에 반영하지요.

농촌 지역의 지점장은 그라민 은행이 현지에 잘 적응할 수 있도록 하는 역할을 맡아요. 지점을 내기 전에 지역을 방문해서 인구가 몇 명이나 되는지, 홍수가 났을 때 어느 지역에 피해가 큰지, 농사 상황은 어떤지, 교통이나 통신은 잘 되어 있는지 등을 조사해요. 이슬람교와 늘 갈등이 생기기 때문에 이슬람 사원 근처가 아닌 곳에 지점을 세울 수 있는지도 확인한답니다. 그리고는 마을에 지점 사무실을 내기 전에 마을 사람을 불러 모아요.

"이곳에 그라민 은행을 세울 예정입니다. 우리 은행은 0.5에이커 미만의 땅을 가진 사람에게만 돈을 빌려 줘요. 담보는 하나도 필요 없습니다. 가난을 벗어나려는 의지만 보여주시면 됩니다."

마을에 들어선 그라민 은행은 은행 이상을 역할을 해요. 질병이 도는 시기가 되면 대출자를 불러 모아 위생 교육도 도맡아 한답니다.

"지금은 설사병이 도는 시기예요. 몸에 이상이 있으면 바로 병원으로 가세요. 그리고 밥 먹기 전에 꼭 손을 씻고, 아이도 주의시키세요."

그라민 은행의 직원은 대부분 대학을 졸업한 똑똑한 엘리트예요. 대학을 다닐 정도니 집안이 가난하지 않은 직원이 많고요. 이런 배경을 가진 그들이 그라민 은행을 다니면서 달라진 점은 '사

사람에 대한 믿음이 기적을 만들었어

람에 대한 믿음'이라고 해요.

"그라민 은행에서 일하기 전에는 가난한 사람은 게으르고 어리석기 때문에 빈곤한 상태가 됐다고 생각했어요. 돈을 빌려 줘도 갚을 거라고 상상도 못했고요. 그런데 그들은 정말 열심히 일하면서 돈을 갚아 나갔어요. 제 생각이 틀렸다는 걸 현장에서 부딪히며 깨달았습니다."

헌신적으로 일하는 직원, 그리고 은행을 믿는 대출자들 덕분에 그라민 은행은 방글라데시 전역에 1000개가 넘는 지점이 세워졌답니다.

전문가가 아니기에
가능한 실험

"나는 조직을 운영해 본 경험이 없었다.
오히려 그것이 큰 힘이었을지도 모른다."

무함마드 유누스

놀라지 마세요. 그라민 은행이 성공한 비결은 사업 계획을 훌륭하게 짰기 때문이 아니에요. 반대로 계획이 없었기 때문이랍니다. 어떻게 하면 가난한 사람이 빚에 허덕이지 않고 생계를 꾸려갈 수 있을까만 고민한 거예요. 그 결과 그라민 은행만의 독특한 시스템이 만들어진 거고요. 여러분도 때로는 계획보다 먼저 행동해 보면 어때요?

사람에 대한 믿음이 기적을 만들었어

정정당당하게 차근차근

유누스는 대학교수에서 은행을 책임지는 경영자의 길로 뚜벅뚜벅 걸어갔어요. 어려운 일은 하루가 멀다 하고 닥쳤답니다. 다카에 본점 사무실을 냈을 무렵이었어요. 처음 사무실을 연 그는 전화기 설치를 요청했어요. 그런데 며칠이 지나도 감감무소식인 거예요. 그 당시 은행을 이용하는 사람의 수가 40만 명이 넘었을 무렵이라, 전화가 되지 않자 업무가 마비될 지경이었어요. 유누스는 직원을 불러 무슨 문제가 생겼는지 물어봤어요.

"그게…… 전화를 빠른 시일 내에 설치하려면 전화국에 추가 비용을 내야 한다고……."

유누스는 고개를 갸웃거렸어요.

"추가 비용이라고요? 그런 게 따로 있나요? 우리는 정상적인 절차를 밟아서 신청한 걸로 아는데요."

그러자 직원은 작은 목소리로 대답했어요.

"뇌물을 줘야 빨리 된다고 합니다."

사회가 불안정했던 당시에는 돈이 모든 일을 신속히 처리해 주는 보증 수표였던 거예요. 그라민 은행은 재정이 부족하지 않았기 때문에 충분히 뇌물을 줄 수 있는 상황이었어요. 그래도 유누스는 그저 전화가 설치되기만을 기다렸죠.

시간이 지나도 전화가 설치되지 않자 업무는 뒤죽박죽이 되었어요. 전화기 한 대로 40만 명이 넘는 고객을 담당해야 했으니까요. 그럼에도 유누스는 뇌물을 준비하지 않았어요. 대신 외부 회의에 참석할 때마다 그라민 은행이 지금 어떤 상황인지 이야기할 뿐이었어요. 하지만 은행을 이용하는 사람들은 불편함을 호소하기 시작했어요.

"요즘 유누스 선생님과 통화하기가 무척 어렵네요."

그러면 그는 솔직하게 대답했지요.

"저와 통화하기 무척 어려울 겁니다. 전화국에 뇌물을 주지 않아서 전화를 설치해 주지 않고 있거든요."

유누스의 이야기를 전해 들은 전화국 임원은 얼굴이 새빨개졌어요. 그리고 회사로 돌아가 당장 그라민 은행에 전화를 설치하라고 지시했어요. 이처럼 유누스는 자신이 세운 기준을 절대 어기지 않았답니다. 쉽게 갈 수 있는 길도 차근차근 단계를 밟으며 정정당당한 방법으로 사업을 진행했어요.

선진국의 지원을 거절한 까닭은

유누스는 그라민 은행을 가난한 사람이 주인이고, 이들이 스스로 주체가 되는 은행으로 만든다는 기본 원칙을 갖고 있어요. 그래서 주위의 뇌물 요청이나 불합리한 요구를 철저히 거부했어요. 이런 신념은 선진국에도 기죽지 않는 당당함을 만들어 냈답니다.

어느 날, 유누스의 사무실로 아시아 개발은행이라는 국제기관의 담당자가 찾아왔어요. 담당자는 사무실로 들어오자마자 의자에 앉더니 거만한 자세로 이렇게 말했어요.

"우리 은행에서 그라민 은행에 자금을 지원할 생각이오. 어떻소? 얼마나 필요한지 한번 말해 보시오."

다른 은행장이라면 유명한 국제기구에서 지원해 준다는 걸 마다하지 않겠지요. 그런데 유누스는 정색하며 말했어요.

"그라민 은행이 당신에게 자금 지원을 요청한 적이 있나요? 저는 기억나지 않습니다만."

유누스의 이 한 마디로 대화는 끝이 났어요. 그는 그라민 은행이 다른 곳의 지원을 받지 않아도 되는 독립 시스템을 만들어야 한다고 생각했거든요. 그래서 정말 힘든 경우를 제외하고는 지원금을 요청하지 않았어요.

유누스는 세계적으로 알려진 기관의 리더들과 대립하는 일도 많았답니다. 1986년 식량의 날을 맞아, 세계은행 총재인 바버 코너블Barber Conable과 토론을 하던 중이었어요. 세계은행 총재는 세계은행이 그라민 은행에 막대한 재정적 원조를 하고 있다고 말했죠. 그러자 유누스는 대답했어요.

"세계은행은 전혀 그런 일이 없습니다. 아, 제안을 받은 적은 있습니다. 올해 세계은행에서 2억 달러를 원조하겠다고 연락이 왔습니다. 하지만 그라민 은행에서는 이를 거절했습니다."

그리고는 은행을 경영할 때 경제 전문가가 투입되어야 한다는 세계은행 총재의 발언에도 반론을 제기했어요.

"아무리 똑똑한 경제 전문가가 많아도 가난한 사람을 진정으로 도울 수 있는 방법을 만들어 낸다는 보장은 없지요."

1995년에도 이와 비슷한 일이 있었어요. 이때는 그라민 은행이 지원금을 받는 조건으로 방글라데시에 원조금을 주는 프로그램 때문이었어요. 정부는 지원받기를 원했지만 유누스는 거절해요. 정부 관계자는 유누스의 결정을 이해할 수 없었어요. 그라민 은행을 이용하지 않는 가난한 사람을 위해서 원조가 필요하다는 주장이었지요.

"그 생각도 일부 맞습니다. 하지만 저는 바로 그 가난한 사람을 생각해서 지원금을 받지 않겠다는 겁니다. 그라민 은행을 보셔서 알지 않습니까? 가난한 사람도 얼마든지 돈을 빌리고 갚을 능력이 있습니다. 우리가 할 일은, 이들이 빌린 돈을 활용해 사업하는 것을 지원하고 방글라데시만의 경제를 만드는 겁니다."

유누스는 때로는 대립각을 세우며 자신이 경험한 내용을 전 세계인이 보고 있는 토론회장에서 널리 알렸답니다.

사람에 대한 믿음이 기적을 만들었어

하루 종일 직원의 편지를 읽는 은행장

유누스와 그라민 은행은 빌 클린턴Bill Clinton 전 미국 대통령의 부인 힐러리 클린턴Hillary Clinton이 찾아와 배울 정도로 세계적으로 알려졌어요. 보통은 선진국의 기술이나 방법을 다른 나라에서 배우기 바쁜데, 그라민 은행은 이를 뒤집은 거예요. 미국이나 유럽같이 부유한 나라에서 가난한 사람을 돕는 방법을 배우고자 방글라데시로 오기 시작한 거죠. 사람들은 유누스에게 어떻게 1000개가 넘는 지점을 세울 수 있었는지 물어요. 그럴 때마다 그는 엉뚱한 대답을 해요.

"놀라지 마세요. 우리의 성공 비결은 사업 계획을 훌륭하게 짠 덕분이 아니라 그 반대예요. 계획이 없었기 때문에 성공할 수 있었던 거예요."

유누스는 어떻게 하면 돈을 많이 벌 수 있을까 고민하지 않았어요. 가난한 마을 사람들이 안고 있던 심각한 '빚'의 문제를 어떻게 해결할까 방법을 찾다가 그라민 은행을 만들게 된 거죠. 사실 유누스 자신도 그 해결책이 은행이 될 거라고는 상상도 못했어요. 그래서 은행을 만들었지만 경영자로서 어떻게 해야 하는지 몰랐어요. 대신 직원들과 어떻게 관계를 맺어야 할지를 고민했죠. 은행을 시작할 때 그는 직원들을 불러 모았답니다.

"만약 현장에서 좋은 아이디어가 생각났다거나 불만 사항이 있으면 저에게 편지를 쓰세요. 제가 한 장도 빠뜨리지 않고 읽겠습니다. 최대한 솔직하고 자세하게 써 주면 좋겠어요."

유누스에게는 매월 자유로운 이야기 형식으로 수천 통의 편지가 도착해요. 그는 직원이 보낸 편지를 하루 종일 읽는답니다. 집으로 가져가 밥을 먹으면서도 보고, 퇴근해서 텔레비전을 켜 두고 그 앞에서 읽기도 하지요. 직원이 현장에서 경험한 이야기를 들으며 앞으로 은행을 어떻게 운영할지 힌트를 얻는 거예요.

유누스는 그라민 은행을 통해 800만 명이 넘는 가난한 이들과 신용을 만들어 갔어요. 무려 800만 명이라니 정말 놀랍지 않나요? 이렇게 큰 규모의 은행을 경영하지만 그는 언제나 겸손해요. 자신은 전문가가 아니라고 말하곤 하지요.

"저는 조직을 운영해 본 경험이 없어요. 그게 기존의 은행과 다른 방식으로 그라민 은행을 꾸려 나갈 수 있는 원동력인지도 모르겠네요. 만약 제가 다른 조직에서 일했다면 그것과 같은 조직을 만들려고 했겠지요. 그런데 전 아무것도 모르기 때문에 그때그때 닥친 일을 적절히 해결해야 했어요. 그런데 그게 오히려 좋은 결과를 이끌었어요."

전 세계에서 전해 온 선물

유누스와 그라민 은행의 이야기가 널리 알려지자 전 세계에서 그라민 은행으로 선물을 보내왔어요.

뉴욕에서 보냅니다 - 25달러

런던에서 보냅니다 - 100파운드

그라민 은행은 기업이에요. 그런데 가난한 사람을 위해 일한다는 이유로 전 세계에서 기부금이 오는 독특한 상황이 자주 있어요. 사람들은 그라민 은행을 이용하는 대출자가 어려운 상황을 극복해 낸 이야기에 큰 감동을 받았거든요. 그래서 가난한 사람을 평등하게 대하는 기업에 편지를 쓰고 기부금을 보내는 거예요.

"이런 경우는 또 처음 있는 일이네요. 개인이 보내 온 돈을 어떻게 쓰면 좋을까요?"

유누스는 예상하지 못했던 일에 부딪혔어요. 그래서 직원들과 머리를 맞대고 고민했지요. 그러는 사이에도 기부금은 전 세계 곳곳에서 날아들었어요.

"그라민 은행은 자선 단체가 아닙니다. 은행이에요. 우리는 은행의 역할에 충실해야 한다고 결론을 내렸습니다. 그래서 기부금을 보내신 분에게 계좌를 만들어 드리기로 결정했습니다. 각자의 계좌에 돈을 넣으면 자연스럽게 은행에서 사용하게 됩니다."

그라민 은행은 이렇게 결정한 뒤 후원자들에게 편지를 썼어요.

> 그라민 은행을 지지해 주셔서 감사합니다. 그라민 은행에서는 후원자님 이름으로 계좌를 만들었습니다. 이 돈은 대출금으로 사용됩니다. 가난한 사람이 이 돈을 빌리고 다시 상환하게 됩니다. 보내 주신 돈은 그라민 은행에서 끊임없이 순환하며 가난한 사람을 위해 쓰일 것입니다.

이 편지를 받은 사람들은 더 많은 돈을 보내기도 했대요. "제 계좌에 입금해 주세요" 하면서 돈을 부치는 거예요. 이 새로운 제도 덕분에 그라민 은행에 계좌를 갖고 있는 사람이 부쩍 늘었답니다. 그것도 전 세계 다양한 나라에서요. 사람들이 그라민 은행에 저축을 하면, 이 돈은 다시 누군가를 위한 대출금으로 사용되지요.

유누스가 걸어가는 길에는 누구도 상상할 수 없는 일들이 일어났어요. 그의 도전은 그라민 은행에서 그치지 않았답니다. 그에게 또 어떤 재미난 일이 벌어졌을까요?

사람에 대한 믿음이 기적을 만들었어

그라민 은행을 경험하는 방법을 알아볼까요

그라민 은행은 전 세계 누구에게든 언제나 열려 있어요. 책에서만 보던 그라민 은행을 우리도 직접 경험할 수 있답니다. 많은 사람이 그라민 은행에 방문하기를 원하기 때문에 별도의 프로그램도 마련돼 있지요.

그라민 은행을 방문하려면

그라민 은행을 방문하기 위해서는 구체적인 내용이 필요해요. 얼마 동안 머무를 것인지, 그라민 은행의 여러 사업 중 무엇을 집중적으로 보고 싶은지 등을 알려 줘야 해요. 방글라데시에 가서 무작정 그라민 은행 사무실에 찾아가면 허탕치고 올 확률이 커요. 사전에 미리 이메일을 통해 그라민 은행과 일정을 이야기하면 더욱더 알차게 그라민 은행을 경험할 수 있답니다.

1. 자기소개서이름, 국가, 성별, 직업, 소속 등를 작성해요.
2. 그라민 은행이 제공하는 여러 가지 방문 프로그램 중에서 원하는 것을 선택해요. 기본 훈련 프로그램, 국제 다이얼로그 프로그램 등이 있어요.
3. 방문을 원하는 날짜와 기간을 적어요.
4. 이 내용을 담당자에게 이메일로 보내요. 단, 영어로 작성해야 해요.

그라민 은행에서 인턴을 하려면

그라민 은행에는 최소 1개월부터 방문자가 원하는 날짜까지 그라민 은행 본사와 지점, 여러 사업체를 방문할 수 있는 인턴십 프로그램이 있어요. 단, 모든 프로그램에 드는 체류비, 식비, 통역비 등은 방문객이 부담해야 한답니다.

이메일 grameenbank@grameen.net

홈페이지 www.grameen-info.org

사람에 대한 믿음이 기적을 만들었어

사회를 위한

기업이 필요해

그라민 은행의
새로운 도전

"우리는 최대의 이익을 내기 위해 열심히 일한다.
하지만 인간의 탐욕이 우리 은행을
움직이고 있다고 말할 수는 없을 것이다."

무함마드 유누스

은행은 돈을 빌려 주는 곳이지만, 유누스는 그 이상의 것을 해야 한다고 생각하기 시작했어요. 대출만으로는 부족하다고 느낀 거예요. 그래서 아픈 사람을 위한 의료 센터도 만들고, 일자리를 잃은 직조공들을 위해 직물 브랜드도 만들었어요. 여성이 보조 수입을 얻을 수 있게 휴대폰 사업도 하고요. 유누스의 아이디어는 대체 어디까지 이어질까요?

가난에서 벗어나는 기준

유누스는 방글라데시보다 잘 사는 나라나 국제기구에서 원조금을 받는 것을 달가워하지 않았어요. 방글라데시 사람들에게 어려움을 극복할 충분한 힘과 능력이 있다고 믿었거든요. 오히려 방글라데시 국민의 가능성을 믿지 못하는 사람은 정치 지도자나 전문가였어요.

전문가들은 한 달에 1,000원에서 2,000원으로 생계를 이어 가는 사람을 빈곤한 상태에 있다고 규정했어요. 그런데 유누스는 이런 금액보다는 구체적으로 생활하는 모습을 살펴봐야 한다고 여겼어요. 그래서 가난에서 벗어나는 기준으로 한 달에 얼마를 벌고 쓰는가가 아니라, 다른 자세한 목록이 필요하다고 생각했어요.

1. 양철 지붕을 얹은 가옥약 37만 원 이상의 가치를 지니는 집에 살며 맨바닥에서 자지 않는다.

2. 깨끗한 물을 마신다.

3. 모든 자녀가 건강하며 학교를 다닌다.

4. 매주 대출금 상환금이 최소 200타카약 3000원이다.

5. 깨끗한 화장실을 이용한다.

6. 충분한 옷과 이불, 모기장을 갖고 있다.

7. 텃밭에서 채소나 과일을 키운다.

8. 매년 5000타카약 6만 5000원의 예금을 유지한다.

9. 가족과 함께 하루 세 끼 제대로 된 음식을 먹는다.

10. 건강에 문제가 생기면 즉시 치료를 받고 의료 비용을 댈 수 있다.

유누스는 이 열 가지 기준을 모두 충족하면 빈곤에서 탈출했다고 판단했어요. 정말 구체적이지 않나요? 그는 방글라데시 사람이라면 방글라데시가 가진 문화와 지역의 특성을 바탕으로 문제를 해결해야 한다고 생각했어요. 그래서 모든 일의 우선순위가 대출자의 건강과 자립에 맞춰져 있었지요.

우리 안에서 방법을 찾자!

만약 그라민 은행이 자신들이 정한 기준을 대출자에게 강요했다면 지금처럼 성공하지 못했을 거예요. 유누스는 가난한 사람의 삶을 향상시킬 수 있는 방법을 은행뿐 아니라 여러 방면에서 찾았어요. 이때 그의 관찰력과 깊은 사고가 창의적인 아이디어로 빛나요. 그는 해답을 외부에서 주는 자금에서 찾지 않았어요. 정답은 마을에 있었거든요.

그라민 은행이 마을 지점을 늘려 나가고 있을 무렵이었어요. 그 사이 그라민 은행은 미국 텔레비전 프로그램에 소개되었어요. 한 아주머니가 치타공 길거리에서 구걸하며 살다가 그라민 은행을 통해 성공적으로 자립한 사례를 다뤘지요. 하지만 텔레비전에 출연한 아주머니를 다시 만난 유누스는 절망에 빠져요.

"그동안 어떻게 지내셨나요? 송아지는 잘 자라고 있나요? 남편 분께서도 택시 사업 잘하고 계시지요?"

유누스의 질문에 아주머니는 머뭇거리며 말했어요.

"그라민 은행 덕분에 송아지도 사고 우유도 팔면서 열심히 살았어요. 그런데 남편이 병이 들었는데…… 진단을 잘못 받아 치료비로 재산을 다 날렸어요. 이제 저에게 남은 건 닭 네 마리뿐이에요."

그라민 은행은 한 끼도 못 먹을 만큼 힘겹게 사는 사람에게 돈을 빌려 주고 이들을 돕는 역할을 했어요. 그런데 예상치 못한 지출이 일어나는 일까지 보장해 줄 장치는 없었던 거예요. 유누스는 이런 상황을 듣고 고민에 빠져요. 대출만으로는 부족하다는 걸 깨달은 거죠. 그는 사업을 담당하던 칼리드에게 물었어요.

"그라민 은행에서 대출자를 위한 보건소 같은 곳을 만들 수 있겠어요?"

방글라데시는 정치와 경제가 불안해 아직 무상 진료나 의료 보험 같은 보건 체제가 잘 갖춰져 있지 않았어요. 장티푸스나 이질 같은 병에 걸리면 병원에 값비싼 치료비를 지불할 수밖에 없어요. 돈 없는 사람은 치료도 받지 못하고 세상을 뜨는 경우도 많았어요.

"그라민 은행이 시작된 지도 벌써 10년이 되었군요. 그라민 은행은 세계가 놀랄 만큼 성장했어요. 그만큼 수익도 생겼고요. 올해 1992년을 '그라민 은행 개편의 해'로 정하고 변화를 만들어 가려 합니다."

유누스는 이렇게 선언한 후 농업에 관련된 사업은 따로 크리시재단농업 재단을 만들어서 운영하게 하고, 어업이나 교육 분야도 별도로 회사를 만들었어요. 그라민 은행은 금융뿐 아니라 농업, 어업, 교육 등 다양한 분야를 포함하고 있어서 조금 복잡한 구조랍니다. 그리고 독특한 보건 시스템도 만들었지요.

"그라민 은행을 이용하는 사람은 누구나 의료 혜택을 누릴 수 있어야 해요. 우선 일곱 개 지역에 의료 센터를 만들어 봅시다. 이곳에 의사 한 명과 의료 보조인 세 명, 의료 기기 등을 지원해서 회원이 큰돈 들이지 않고 병을 치료할 수 있도록 도웁시다."

1993년에 시작한 그라민 은행 의료 센터는 돈이 없어서 병원을 이용하지 못하는 가난한 사람을 위한 '사회적 병원'이에요. 방글라데시에 그라민 은행 지점과 연계한 병원이 33개가 될 정도로 확대되고 있지요.

의류 회사 광고 모델 유누스입니다

유누스의 관심은 여기서 그치지 않았어요. 그는 방글라데시 국민이 가진 재능과 능력으로 스스로 일어 설 수 있는 힘을 만들기 위해 늘 애썼어요. 그래서 방글라데시의 전통 산업에 주목했죠. 방글라데시는 아름다운 천이나 직물을 생산한 역사가 길거든요. 방글라데시의 장인들은 순면으로 남아시아 특유의 강렬한 색감과 아름다운 패턴을 만들어요. 그런데 중국의 대량 생산에 밀려 의류 일을 하던 사람들이 직장을 잃었어요.

유누스는 소규모 지역 직조업자들과 함께 사업을 펼치기로 했어요. 조사해 보니 그라민 은행 회원 200만 명 가운데 옷을 짜 본 적이 있거나 베틀을 소유하고 있는 사람이 50만 명이나 됐어요. 그런데 직조업으로 생계를 유지하지 못해 다른 일을 전전하고 있었지요.

"방글라데시의 아름답고 훌륭한 직조 기술이 한순간에 무너지는 걸 보고만 있을 수 없어요. 여러분은 소규모로 옷을 만들어 왔기 때문에 대량 주문이 와도 물량을 감당할 수 없었죠. 마케팅이나 홍보에 신경 쓸 겨를도 없고요. 이제 그라민 은행이 함께하겠습니다."

유누스는 소규모 직조업자들과 함께 브랜드를 하나 만들어요.

바로 '그라민 체크'랍니다. 방글라데시는 무더운 날씨에 적합한 옷이 필요해요. 그리고 방글라데시 사람은 체크무늬가 들어간 옷을 좋아하죠. 그래서 다양한 체크무늬 패턴의 옷을 만들어서 상점을 열었어요.

유누스는 어딜 가든 체크무늬 남방을 입어요. 인터넷에서 유누스를 검색하면 열에 아홉은 그라민 체크가 만든 남방이나 조끼를 입고 있답니다.

"제가 그라민 체크의 홍보대사인 셈이에요. 전 어딜 가든 이 옷을 입습니다. 너무 편하고 시원해요. 그리고 제가 전 세계를 돌아다니면서 홍보하니 광고비도 안 들어 일거양득이지요."

그라민 체크는 방글라데시 사람들에게 큰 사랑을 받고 있어요. 그래서 꽤 많은 수입을 올리고 있답니다. 덕분에 수공업자들은 직장을 잃지 않고 일을 계속할 수 있게 되었어요.

휴대폰 사업과 일자리 만들기

유누스의 실험은 끝이 없어요. 그라민 은행은 통신 사업도 한답니다. 한국의 SK텔레콤이나 KT 같은 통신 회사를 운영하는 거예요. 그라민 은행의 사업은 어떻게 시작되었을까요?

1994년 어느 날, 유누스는 한 청년을 소개받아요. 이 청년은 국

방글라데시 곳곳에는 그라민 체크 매장이 있어요.

그라민 폰은 방글라데시 사람들 대부분이 사용하고 있어요.
거리에서 그라민 폰 전광판을 쉽게 볼 수 있답니다.

가로부터 전화국 설립 인가를 받아 이동통신 사업을 해 보고 싶다고 이야기했어요. 하지만 유누스는 그쪽 분야에는 지식이 없어서 청년의 이야기를 이해할 수 없었어요.

"가난한 사람에게 휴대폰이 무슨 필요가 있지요? 우리가 하는 사업과 전혀 연관이 없어 보이는데요."

하지만 익발이라는 이 젊은이는 휴대폰으로 가난한 사람이 할 수 있는 사업이 무궁무진하다며 유누스를 설득했어요. 유누스는 그를 한번 믿어 보기로 했어요. 2년 뒤, 그라민 은행은 정부로부터 이동통신 사업권을 인가받았어요. 2년 동안 통신 사업의 가능성을 본 유누스는 아이디어 하나를 내놓았지요.

"그라민 은행이 있는 농촌 지역에서는 전화 한 번 걸기가 참 힘듭니다. 도시에 나가 있는 아들이나 친척에게 전화를 하려면 돈도 많이 들고 시간도 오래 걸려요. 그래서 좋은 아이디어가 떠올랐어요. 아이를 돌보느라 일을 하기 힘든 여성에게 휴대폰 사업을 하게 하는 거예요. 마을마다 한 명씩 '그라민 폰 레이디Grameen Phone Lady'가 되는 거예요."

그라민 폰 레이디는, 그라민 은행을 이용하는 여성이 휴대폰을 구입한 뒤 마을 사람에게 빌려 주고 사용료를 받는 단순한 사업이에요. 지금은 대부분이 휴대폰을 갖고 있지만, 당시만 해도 휴대폰은 부자들만 이용할 수 있었어요.

그라민 폰 레이디 사업을 한 후 많은 이들의 삶이 달라졌답니다. 휴대폰 사업을 하는 여성은 보조 수입이 생겨서 가정에 보탬이 됐어요. 농촌 마을 사람들은 집 떠난 자식이나 친구와 쉽게 전화 통화를 할 수 있게 되었고요. 장사를 하는 사람은 그라민 폰을 통해 사업 정보를 주고받았죠.

이외에도 전기가 부족한 농촌 지역의 에너지 문제를 해결하기 위해 태양광 사업을 펼치는 등 그라민 은행의 실험은 계속 이어졌습니다.

요구르트를 만드는
은행이라니

"우리는 다른 방식으로

지역 사회를 돕는 일을 해야 한다."

무함마드 유누스

어느 날, 프랑스의 큰 기업 다농에서 한 통의 연락이 와요. 가난한 사람도 다농에서 만드는 유제품을 먹고 영양을 보충할 수 있으면 좋겠다고요. 유누스는 너무나 기뻤답니다. 다농과 함께 사회를 위해 일하는 '사회적 기업'을 만들어 요구르트를 팔기로 했죠. 그래서 방글라데시에도 요구르트 아줌마가 있대요. 아주머니들의 일자리까지 생긴 거예요. 고마워요, 다농!

그라민 은행은 가난한 사람에게 돈을 빌려 주는 사업에서 멈추지 않았어요. 그들이 겪는 여러 가지 문제를 해결하기 위해 함께 노력했지요. 그 결과 태양광, 보건 센터, 이동통신 등 다양한 분야로 사업을 확장했어요. 동시에 그라민 은행 이용자의 생활 수준도 향상되어 갔고요.

그래서 유누스의 아이디어와 가난한 사람들의 자립 의지가 함께한 그라민 은행의 사례를 듣기 위해, 많은 곳에서 요청이 쇄도하기 시작했답니다. 그러던 중 2005년, 유누스는 프랑스 파리에서 열리는 한 회의에 참석하게 되었어요. 그는 파리로 떠나기 며칠 전 한 통의 연락을 받아요.

"안녕하세요. 저는 프랑스에서 다농Danone이라는 기업을 운영하는 CEO의 비서입니다. 사장님이 유누스 선생님께서 하신 일을 듣고는 만나 뵙기를 원합니다. 프랑스에 오실 예정이라는 소식을 들었는데, 함께 점심 식사를 할 수 있을까요?"

유누스는 그라민 은행에 관심 갖는 사람이라면 누구든 환영했어요. 그래서 다농이라는 큰 회사가 그라민 은행에 관심이 있다는 것에 반가워했답니다. 다농은 요구르트와 고급 생수를 만드는 회사예요. 전 세계로 물건을 수출할 만큼 큰 다국적 기업이지요.

며칠 뒤 유누스는 다농 그룹 관계자들과 만났어요. 유누스는 예상보다 그들이 그라민 은행이 하는 일에 대해 잘 알고 있는 것에 깜짝 놀랐어요. 그런데 더 깜짝 놀랄 일이 벌어졌답니다.

"유누스 선생님, 다농은 전 세계에 생수와 유제품을 판매합니다. 그중에는 굶주림이 심한 나라도 있지요. 사실 사업의 40퍼센트 이상이 선진국이 아닌 개발도상국에서 진행되고 있어요. 우리는 가난한 사람도 다농에서 만든 제품을 먹고 영양을 보충할 수 있는 방법을 찾고 있습니다. 그래서 선생님을 뵙기를 요청했던 겁니다. 우리 회사가 어떻게 가난한 사람을 도울 수 있을지 도움을 주셨으면 합니다."

유누스는 갑작스러운 부탁이라 잠깐 망설였지만 이내 아이디어를 제안했어요.

"방글라데시에는 가난한 사람이 많아요. 영양실조로 힘겹게 살고 있는 아이들도 많습니다. 성장기에 충분한 영양분을 공급받지 못하면 아이들은 큰 영향을 받지요. 이들에게도 사람답게 살 권리가 있습니다. 우리가 힘을 합쳐서 아이들에게 좋은 영양분을 공급하는 회사를 만드는 건 어떨까요? 물론 가난한 사람도 구입할 수 있게 아주 저렴한 가격으로 말이지요."

'사회적 기업'을 만들어 봅시다!

유누스는 처음 만난 자리에서 갑자기 제안한 아이디어라 큰 기대 없이 자리에 앉아 있었어요. 그런데 그의 제안에 다농 그룹 CEO는 놀라지 않았어요. 오히려 결의에 차서 대답했지요.

"좋습니다! 그렇게 하시지요."

다농 그룹 CEO는 자리에서 일어나 유누스에게 손을 내밀었어요. 유누스는 믿기지 않았어요. 그래서 돌아가는 길에 다시 메일을 보내서 합작 회사를 만들기로 한 사실을 또 한 번 확인할 정도였죠. 그는 이때 한 가지를 더 제안한답니다.

"그라민 은행과 다농이 만드는 회사는 그냥 기업이 아닙니다. 사회적 목표를 달성하기 위한 '사회적 기업'으로 만들면 어떻겠습니까?"

유누스는 다농에 함께 사회적 기업을 만들자고 제안해요. 사회적 기업은 독특한 기업 형태예요. 대부분의 기업은 수익을 내고, 그 수익으로 다른 사업을 지속적으로 펼쳐서 자본을 만들어요. 그런데 사회적 기업은 수익이 사업의 궁극적인 목적이 아니에요. 수익보다는 사회적인 가치를 실현시키기 위해 사업을 펼치는 곳이에요. 거기서 생긴 수입은 사회적인 활동에 쓰고요.

그라민 은행과 다농은 방글라데시 유제품 시장에서 1위를 차지하기 위해 요구르트 회사를 세운 게 아니에요. 영양 부족에 시달리는 아이들에게 비타민, 무기질 등이 풍부한 요구르트를 제공하기 위해서예요. 이 목표에 따라 어린이의 입맛에 맞는 요구르트를 만들고, 이를 저렴한 가격으로 공급할 수 있게 경영 계획을 세웠답니다.

영양 듬뿍 요구르트에 일자리까지

유누스는 방글라데시로 돌아가 재빠르게 사업을 준비했어요. 그는 다농같이 큰 기업이 일상적으로 해 오던 사업 방식과 다르게 일해 보자고 제안했어요.

"보통 다농은 큰 땅을 사서 큰 공장을 지은 뒤 요구르트 사업을 시작하더군요. 그런데 방글라데시에서는 다른 방식으로 할 것을 제안합니다. 작은 공장을 여러 곳에 짓는 거예요. 특히 그라민 은행 근처 농촌 지역에 공장을 세우는 겁니다. 그러면 농촌에서 일자리가 없어 힘들어하는 이들이 공장에서 일할 수 있고, 소를 키우는 사람은 우유를 제공할 든든한 거래처가 생기는 겁니다."

유누스는 요구르트로 아이들에게 영양을 보충해 주는 사업에 그치지 않았어요. 공장과 일자리를 연결시킨 거죠. 그는 방글라데시 농촌 사람들이 젖소를 많이 기른다는 사실을 현장 경험을 통해 알고 있었어요. 많은 이가 그라민 은행에서 대출을 받으면 가장 먼저 젖소를 샀거든요. 젖소에서 나오는 우유를 팔아 이자와 원금을 갚아 나가며 소규모 낙농업을 한 거예요. 그리고 작은 공장을 여러 곳에 나눠 지으면, 그만큼 다양한 지역에 일자리를 만들 수 있다고 생각했어요.

요구르트 한 컵의 마법

유누스는 환경 문제를 심각하게 받아들였어요. 그래서 요구르트 공장을 친환경적으로 만들기 위해 애썼답니다. 그 결과 태양광과 천연가스로 에너지를 공급하는 공장을 만들어요. 첫 번째 공장은 달콤한 요구르트를 만드는 지역으로 알려진 보그라에 세웠어요.

이뿐만이 아니에요. 그는 여성이 일할 수 있는 방안도 마련했답니다. 요구르트는 따뜻한 곳에 있으면 금방 상해요. 방글라데시처럼 더운 나라에서는 더욱더 상하기 쉽겠죠? 그래서 슈퍼마켓에서는 소규모만 판매하고, 농촌 아주머니가 직접 팔 수 있도록 해요. 생산한 요구르트를 아주머니들이 단 이틀 동안만 판매하는 거예요. 한국에 '요구르트 아줌마'가 있듯이, 방글라데시에도 '그라민다농 요구르트 아줌마'가 있어요.

보그라에 위치한 그라민다농 공장. 환경을 덜 해치도록 설계했어요.

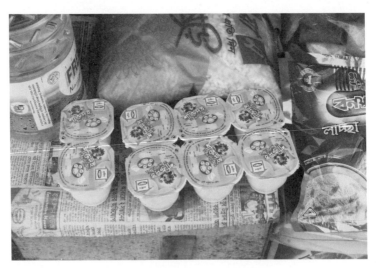

동네 슈퍼 판매대에 놓인 그라민다농 요구르트

두 회사가 힘을 모아 만든 요구르트는 달콤하고 영양분이 가득해 인기가 높아요. 물론 값도 싸답니다. 이 요구르트 한 컵은 평범한 음료 한 컵이 아니에요. 방글라데시의 가난한 아이들이 영양분을 보충하는 동시에 많은 사람이 일자리를 갖게 됐지요. 요구르트 한 컵의 마법, 정말 놀랍지 않나요?

사회를 위한 다양한 기업이 있어요

공공의 이익을 위해 일하는 '사회적 기업'

한국은 물론이고 전 세계적으로 유명한 회사가 많이 있죠? 아이폰을 만드는 애플, 컴퓨터를 만드는 IBM, 그리고 한국의 삼성, 현대 같은 기업 말이에요. 기업이 자동차, 텔레비전, 휴대폰 등을 개발하면 사람들은 이를 구매해요. 이를 통한 수익으로 기업은 운영된답니다.

기업은 누군가를 위한 자선 사업이 아니에요. 철저히 계산해서 수익을 남겨야 해요. 그런데 사회적 기업은 수익을 남기는 것과 동시에 사회에서 소외된 사람을 돕는 일까지 함께하는 독특한 형태를 갖고 있어요. 그게 어떻게 가능하냐고요? 다음과 같은 사례를 살펴보면 궁금증이 풀릴 거예요.

쓸모없는 물건의 재탄생, 아름다운 가게

집에는 여러 가지 물건이 있어요. 마음에 들어서 샀지만 한 번 입고 옷장에 고이 모셔 둔 옷도 있고, 어릴 때 가지고 놀던 장난감도 있어요. 공책이나 색연필이 넘쳐나는 친구도 있을 거예요. 그렇다면 집에서 사용하지 않는 물건은 어떻게 해야 할까요? 버리기에는 너무 아깝잖아요.

버리기는 아깝지만 그렇다고 쓰지는 않는 상품을 모아서 사업을 시작한 가게가 있어요. 바로 '아름다운 가게'라는 곳이에요. 이곳에서는 나에게 쓸모없는 물건이 다른 이에게 소중하게 쓰이고, 심지어 선물이 되기도 해요.

- 사람들이 아름다운 가게 앞에 있는 수거함에 자기가 쓰지 않는 옷, 장난감, 접시, 볼펜 등을 넣어요.
- 아름다운 가게는 수거된 물건을 깨끗하게 손질한 후 가게 매장에 진열해요.
- 물건 가격은 새 상품보다 훨씬 저렴해요.
- 매장은 총괄하는 매니저와 자원 봉사자가 함께 운영해요.

아름다운 가게는 2002년에 만들어져서 전국에 100개가 넘는 매장이 있어요. 가게에서 발생한 수익은 방글라데시 재해 복구나 저소득층 지원 사업에 사용한답니다. 쓰지 않는 물건을 재탄생시켜서 환경 문제, 사회 문제를 해결하는 거예요.

노숙인이 파는 즐거운 잡지, 빅이슈The Big Issue

〈빅이슈〉는 종이 잡지예요. 보통 잡지는 서점이나 지하철 가판대에서 살 수 있어요. 그런데 〈빅이슈〉는 노숙인이 길거리에서 홍보하고 판매를 한답니다. 〈빅이슈〉는 1991년 영국에서 길에서 떠도는 노숙인을 지원하기 위해 처음 만들었어요. 노숙인이 스스로 일어설 수 있도록 그들에게 판매 사원이라는 직책을 주고 일자리를 마련한 거예요. 판매 사원이 된 노숙인은 잡지를 팔면 잡지 가격의 절반가량을 수익으로 가져갈 수 있어요.

〈빅이슈〉는 영국에서 시작해 전 세계로 퍼져 나갔어요. 10개국에서 각 나라의 언어로 발행되고 있답니다. 우리나라에도 2010년에 〈빅이슈 코리아〉가 창간되었어요. 〈빅이슈〉를 통해 임대 아파트에 들어가거나 자립 기반을 마련한 사람이 많아요. 그래서 대표적인 사회적 기업으로 손꼽히고 있지요.

장애인이 만드는 건강한 쿠키, 위캔 쿠키

'위캔 쿠키'는 위 캔We Can, 그러니까 '우리는 할 수 있다'라는 메시지를 담은 쿠키를 만드는 회사예요. 위캔 쿠키는 지적장애인에게 제빵 기술을 교육해 그들이 당당하게 사회의 일원으로 자리 잡을 수 있도록 지원하고 있어요. 물론 이들은 참깨 쿠키, 땅콩 쿠키 등을 아주 잘 만드는 기술자가 되었답니다.

위캔 쿠키는 우리밀, 무농약 고급 재료로 쿠키를 만들어서 맛도 아주 훌륭해요. 쿠키를 통해 장애인의 일자리를 만들고, 동시에 좋은 간식거리를 제공하죠. 그래서 그 성과를 인정받아 유망 중소기업으로 선정되기도 했어요.

청소년에게 희망을, 피프틴Fifteen 레스토랑

제이미 올리버Jamie Oliver라는 영국 요리사에 대해 들어 본 적 있나요? 올리버는 집에서 요리하듯 편하게 요리 프로그램을 진행하면서 유명해졌어요. 그는 단순히 요리 프로그램에 나와 명성을 쌓고 몸값만 올리지 않았죠. 사회와 요리를 연결했답니다. 그는 가정 형편이 어렵거나 학교 폭력, 범죄 등으로 배움의 끈을 놓친 청소년들의 손을 잡았어요. 2002년에 이들에게 요리를 가르치는 프로그램을 만든 후 레스토랑 '피프틴'을 열었지요. 그의 의도는 단순했어요. 런던에서 가장 좋은 레스토랑을 만들자, 비틀거리는 청소년에게 요리의 세계를 알려 주고 자신의 진짜 재능을 찾게 하자.

청소년들은 요리를 통해 자신이 가진 잠재력을 알게 되었고, 삶이 변하기 시작했어요. 학교를 뛰쳐나갔던 아이가 음식을 만들면서 꿈을 찾게 된 거죠. 이제 피프틴은 3개월 전에 예약해야 음식을 먹을 수 있을 만큼 인기 있는 레스토랑이 되었어요. 피프틴은 대부분의 수익을 사회에 기부하고 환원하는 사회적 기업이랍니다.

조합원이 돈을 모아 사업을 하는 '협동조합'

협동조합이라는 단어가 조금 낯설죠? 처음 들어 보는 친구도 있을 거예요. 하지만 주위를 둘러보면 우리와 아주 가까이에 있답니다.

기업과 협동조합의 차이점은 무엇일까요? 일반 회사는 경영자가 회사를 운영하고, 회사원은 고용되어 월급을 받아요. 만약 자본금이 부족하면 여러 사람이나 다른 기업에서 투자금을 받아 회사를 운영해요. 수익이 나면, 투자한 비율이 얼마인가에 따라 투자자에게 돌아가는 금액이 다르고요. 보통 회사는 경영자와 투자자가 중심이 돼요.

그런데 협동조합은 말 그대로 '조합원'이 모여 사업을 하는 단체예요. 조합원이라는 단어도 익숙하지 않죠? 조합원이란 협동조합에 참여하는 사람이에요. 규칙을 정하거나 임원을 선출할 때 의견을 전달하고 투표할 수 있어요. 그래서 협동조합은 한 개인의 소유가 될 수 없어요. 많은 사람이 '협동'해서 만들었기 때문에 조합원 모두가 주인이거든요.

그럼 협동조합은 어떻게 사업 자금을 모을까요? 부유한 경영자나 거액을 투자하는 투자자도 없는데 말이에요. 바로 조합원들이 내는 회비가 사업 자금이 된답니다. '이 조합에 참여합니다'라는 의미로 회비를 납부하는 거지요. 이걸 '출자금'이라고 해요. 우리나라의 대표적인 협동조합 '한살림'은 조합원이 무려 40만 명이 넘어요. 협동조합은 환경, 먹거리 등 사회에 꼭 필요하지만 기업이 쉽게 다가가지 않는 분야에서 일하는 하는 경우가 많답니다. 그래서 조합원은 협동조합이 추구하는 가치에 대한 교육을 의무적으로 받아야 해요. 어려운 사람끼리 힘을 모으고 서로를 돕는 노력인 거예요.

그럼 이제 어떤 협동조합이 있는지 알아볼까요.

우리 돈의 올바른 자리 찾기, 신용협동조합

주위를 둘러보면 은행이 참 많죠? 그런데 지금 이야기하려는 은행은 '신용협동조합신협'이에요. 이 은행이 보통의 은행과 다른 점은 지역 주민이나 공동체 구성원이 돈을 모아 은행을 만든다는 거예요. 신용협동조합에 가입하려면 지역 주민이거나 공동체 구성원이어야 해요. 원래 신용협동조합은 은행에서 돈을 빌릴 수 없는 가난한 사람이나 신용이 낮은 사람이 서로의 돈을 모아 금융 문제를 해결하기 위해 만들었어요. 점점 숫자가 늘어나 공식 기관이 되었고요. 은행은 고객이 맡긴 돈을 다른 곳에 투자해서 이익을 내잖아요? 보통 은행은 높은 이윤이 생기는 사업이면 거리낌 없이 투자해요. 하지만 신용협동조합의 자금은 조합원들의 소중한 돈이기 때문에 지역에 다시 투자하는 일이 많아요. 또 조합원을 위한 기금으로 사용하기도 하죠. 최근에는 자본금이 부족한 사회적 기업이나 협동조합을 돕기 위해 낮은 이자로 사업 자금을 대출해 주는 사업도 한답니다.

내 몸을 지키는 방법, 의료생활 협동조합

몸이 아플 때는 병원을 찾게 되죠. 그런데 의사 선생님과 상담하는 시간은 그리 길지 않아요. 약을 처방받아도 어려운 영어만 잔뜩 적혀 있어서, 내 몸이 어디가 안 좋은지 정확히 알 수 없는 경우가 많아요. 그런데 '의료생활 협동조합의료생협'에 가면 내 몸의 상태와 내가 받는 치료에 대해서 보다 자세히 알게 돼요. 또 무리하게 값비싼 치료를 받지 않을 수 있어요.

의료생활 협동조합은 조합원이 돈을 모아 만든 병원이에요. 그래서 병원 원장이 아니라 조합원이 병원의 주인이랍니다. 환자를 내 이웃으로 보기 때문에 과한 진료를 하지 않아요. 의사와 환자가 충분히 대화할 수 있는 시간도 주어지고요. 특히 경기도 안산, 안성, 서울시 마포 등 지역을 중심으로 운영되는 경우가 많죠. 자신보다 어려운 처지에 놓여 있는 사람_{독거노인, 청소년, 저소득층}을 돌보는 자원 봉사도 활발하답니다.

대안 에너지가 필요해, 에너지 협동조합

지금 전 세계에서 가장 심각한 문제는 환경 문제일 거예요. 자동차가 점점 더 많아지고, 공장이나 발전소가 늘어나고 있으니까요. 숲, 강, 바다는 갈수록 오염되고 있어요. 인간을 위한 활동 때문에 자연이 파괴되고 있는 거예요.

환경 문제 중에서 많은 사람이 우려하는 건 에너지 고갈이에요. 우리가 생활하는 데 드는 에너지는 대부분 석유에서 나와요. 옷이나 플라스틱까지 석유로 만드니까요. 석유는 무한하지 않아요. 그런데 우리는 석유 에너지를 흥청망청 사용하면서 다음 세대가 쓸 자원에 대해서는 걱정하지 않지요.

그래서 최근 들어 석유가 아닌 다른 에너지를 찾기 위해 '에너지 협동조합'이 생겨나고 있어요. 조합원의 출자를 통해 태양광판을 설치하고, 거기서 빛 에너지를 모아 전기를 만들어 집을 따뜻하게 데우는 시도랍니다. 협동조합에서 운영하는 공장을 석유가 아닌 태양광 에너지로 전환하기 위해 조합원들이 에너지 협동조합에 출자하기도 해요. 만약 태양 에너지를 사용하고 남으면 한국전력에 팔 수도 있어요. 이 수익금은 고스란히 조합원에게 돌아오니 일석이조랍니다. 그래서 이런 방식을 택하는 협동조합이 늘어나고 있어요.

노벨 경제학상이 아닌 평화상을 받은 이유

"빈곤은 모든 인권의 부재를 의미합니다.
비참한 가난은 좌절, 적개심, 분노를 자아냅니다.
이러한 사회는 평화를 지속할 수 없습니다.
안정적인 평화를 만들기 위해서는
여유 있는 삶을 살아갈 수 있는 기회가 주어져야 합니다."

무함마드 유누스, 노벨 평화상 수상 연설 중에서

2006년 노르웨이 오슬로의 시상식장에는 유누스와 아홉 명의 여성이 당당하게 서 있었어요. 수많은 사람에게 축하와 존경의 박수를 받으면서요. 노벨 평화상을 수상한 이들의 꿈은 가난을 박물관으로 보내 버리는 거예요. 더 이상 현실에 존재하지 않게요. 이제 가난한 사람을 믿는 그라민 은행의 시스템은 전 세계로 퍼져 나가고 있답니다. 모두 축하해요!

우리가 함께 받는 상이에요

여러 가지 사업을 펼치며 정신없이 지내던 유누스에게 반가운 소식이 전해졌어요. 너무나 기쁜 일이었지요.

노벨 위원회는 유누스 박사와 그라민 은행이 전 세계 빈곤 퇴치에 세운 공로를 인정해 2006년 노벨 평화상을 수여합니다.

유누스는 이 기쁜 소식을 그라민 은행 전 직원과 그라민 은행을 이용하는 사람들에게 알렸답니다. 그리고 2006년 12월, 상을 받기 위해 노르웨이 오슬로로 날아갔어요. 그는 그라민 은행의 역사를 만들어 간 사람들과 함께 시상대에 올랐어요. 그와 시상대에 오른 사람은 유명인도 아니고 은행 전문가도 아니에요. 바로 그라민 은행을 이용하는 아홉 명의 여성이었어요.

"이 상은 저 혼자 받는 게 아니에요. 저와 그라민 은행이 함께 받는 상입니다. 그러니 저 혼자 가면 안 됩니다. 노벨 평화상의 주인공은 그라민 은행을 적극적으로 활용한 마을 사람들이에요."

유누스는 경제학자예요. 그리고 그라민 은행은 독특하기는 하지만 경제생활을 담당하는 은행이에요. 그런데 노벨 경제학상이 아닌 노벨 평화상을 받은 게 신기하지 않나요? 유누스는 노벨 경제학상을 받지 못해 아쉽지 않느냐는 질문에 늘 이렇게 대답해요.

"그라민 은행의 소액 융자는 가난한 사람을 도와주는 일입니다. 이 일은 길게 봤을 때 경제생활을 안정시킬 뿐만 아니라 평화에 기여하는 힘이랍니다."

유누스는 빈곤이 전쟁, 테러, 정치적 대립 같은 문제보다 세계 평화에 더 심각한 위협이라고 생각했어요. 가난하다는 것만으로 사람들은 위축되고 이로 인해 희망을 잃기 때문이에요.

"잃을 게 아무것도 없는 사람에게 자신의 삶을 바꿀 조그마한 가능성을 줘야 하지 않을까요? 잃을 것도, 얻을 것도 없기 때문에 폭력과 전쟁이 일어나는 건 아닐까요?"

빈곤은 평화와 동떨어진 문제가 아니에요. 가난한 사람들이 스스로 가능성을 발견하는 것, 이로 인해 자존감을 회복하고 어엿한 사회 구성원이 되도록 돕는 것 자체가 평화 운동이니까요. 이런 까닭에 유누스와 그라민 은행은 2006년 노벨 평화상을 받게 되었답니다.

가난을 박물관으로!

유누스는 노르웨이 오슬로에서 열린 노벨상 시상식에서 '빈곤은 평화의 위협'이라는 주제로 연설을 해요.

전 세계 소득의 94퍼센트는 세계 인구의 40퍼센트가 가지고 있습니다. 60퍼센트의 사람들은 겨우 6퍼센트의 소득으로 살아갑니다. 세계 인구의 절반은 2달러도 안 되는 돈으로 하루를 살아갑니다. 그중 10억 명 이상이 하루에 1달러 미만으로 생활을 이어 갑니다. 이는 절대 평화로울 수 없는 현실입니다.

그는 계속 빈곤과 평화가 어떻게 연결되는지 이야기했어요. 군대를 늘리고 무기를 사는 데 돈을 들이는 것보다, 가난을 줄이는 데 자원을 투입하는 것이 더 나은 전략이라고 강조했지요.

빈곤은 모든 인권의 부재를 의미합니다. 비참한 가난은 좌절, 적개심, 분노를 자아냅니다. 이러한 사회는 평화를 지속할 수 없습니다. 안정적인 평화를 만들기 위해서는 여유 있는 삶을 살아갈 수 있는 기회가 주어져야 합니다.

유누스는 한편에서는 자원과 부를 주체하지 못할 만큼 축적해 두었지만, 다른 한편에서는 여전히 굶주림에 허덕이고 있는 사람들이 있는 상황을 비판했어요. 그리고 강한 어조로 연설을 마무리했어요.

저는 빈곤이 가난한 사람들에 의해 생긴 것이 아니기 때문에 빈곤 없는 세상을 만들 수 있다고 믿습니다. 빈곤은 가난한 사람을 받아 주지 않는 금융 기관, 인간의 가능성을 과소평가하는 사람들 때문에 생겨났습니다. 저는 우리 모두가 노력한다면 가난 없는 세상을 만들 수 있다고 확신합니다. 그때 세상에는 빈곤 박물관이 있어, 지금 겪는 빈곤을 견학하게 될 것입니다.

유누스는 가난을 현실에 존재하는 것이 아니라 죽어 있는 것으로 만들어야 한다고 이야기해요. 가난을 박물관으로 보내 버려야 한다는 거지요. 이렇게 가난을 몰아내고자 하는 유누스의 열망은 지금도 계속 이어지고 있답니다.

가난한 사람을 믿는 은행, 전 세계로 퍼지다

그라민 은행의 독특한 대출 시스템은 방글라데시에만 머물지 않았어요. 아프리카, 아시아, 유럽 등 모두 여섯 개 대륙에 걸쳐 소액 융자 시스템이 시도되고 있지요. 아프리카에서는 부르키나파소, 모로코 등에서 소액 융자를 실시하고 있어요. 유럽에서는 프랑스, 네덜란드에서 효과를 발휘하고 있고요.

멀리에서 찾지 말고 가장 가까운 사례를 살펴볼까요? 방글라데시 바로 옆 나라인 인도에도 그라민 은행처럼 가난한 이들을 위한 은행이 있어요. 놀랍게도 이 은행은 그라민 은행보다 앞선 1974년에 만들어졌대요. 지금은 그라민 은행과 함께 남아시아에서 손꼽히는 소액 융자 은행이랍니다. 이 은행의 이름은 세와SEWA예요. 세와는 'Self Employment Woman Association'의 약자이고요. 그대로 풀이하면 '스스로 자신을 고용하는 여성들의 조합'이라는 뜻이랍니다.

세와 은행을 이용하는 사람은 대부분 길거리에서 야채나 아이들 간식을 파는 노점상이에요. 이들은 가게를 갖고 싶었지만 보증금을 빌려 주는 은행이 없었어요. 노점상을 하는 조건으로 뒷돈을 요구하는 경찰의 횡포에 시달렸고요. 그래서 가난한 사람끼리 돈을 모으기로 결정했어요.

한 명, 두 명, 그러다가 30만 명이 넘는 여성이 돈을 모으게 됐답니다. 처음에는 4000명으로 시작한 은행이 그만큼 커진 거예요. 세와 은행은 담보는 부족하지만 살기 위해 억척같이 노력하는 여성에게 낮은 이자율로 대출을 해 주고, 저축을 늘려 갈 수 있도록 재정 상담을 해요. 또 국가 종합 사회보장 제도, 보험, 주택 조합과 같이 생활에서 실제로 필요한 서비스도 제공하지요.

사회를 위한 기업이 필요해

인도에 있는 세와 은행도 그라민 은행과 같은 역할을 하고 있어요.
은행을 이용하기 위해 줄 선 여성들이 보이죠?

가난한 사람은 어느 나라나 똑같아요

방글라데시와 멀리 떨어져 있는 나라에서도 그라민 은행의 시스템에 관심을 갖는다는 건 놀라운 일이에요. 그라민 은행의 대출 방식은 특히 미국에서 큰 호응을 얻었어요.

가난한 나라일수록 적은 금액을 필요로 하는 사람이 많을 텐데, 잘 사는 미국이나 캐나다 사람도 소액 융자가 필요할까요? 물론 선진국의 가난한 사람은 방글라데시 같은 개발도상국에 사는 빈곤층보다는 풍족하게 살아요. 이웃을 둘러보면 모두 풍족하게 사는 것처럼 보이죠. 하지만 아무리 노력해도 빚에 허덕이는 사람도 많아요. 그런 까닭에 상대적으로 부족함이나 상실감을 느끼죠.

미국의 소액 융자는 전 미국 대통령이었던 클린턴이 그라민 은행에 관심을 가지면서 시작되었어요. 유누스는 소액 융자 프로그램을 소개하기 위해 미국 아칸소Arkansas 주에 방문했어요. 미국 사람들은 그에게 자금 부족을 겪고 있는 사업가와 만남을 주선했어요. 그런데 유누스는 그들을 만난 뒤 이렇게 말해요.

"지금까지 만난 이들 중에 가난한 사람은 아무도 없는데요?"

그러자 사람들은 의아한 듯 말했어요.

"아주 어렵게 사업을 하고 있는 사람들인데, 무슨 문제가 있는지요……."

유누스는 아칸소 주민 중 저소득층 지원금을 받고 있는 사람들과 만나고 싶다고 이야기해요. 그리고 그들과 만난 자리에서 이렇게 물었어요.

"만약 여러분에게 사업 자금으로 소액의 돈을 빌려 준다면, 얼마면 충분할까요?

"그보다 돈을 빌리고 싶어도 은행에 계좌가 없습니다……."

많은 전문가가 그라민 은행의 시스템은 가난한 나라에서만 통할 뿐 선진국에서는 작동되지 않을 거라고 예상했어요. 하지만 그들의 예상은 보기 좋게 빗나갔답니다. 유누스의 물음에 미국의 저소득층이 답을 했는데, 선진국에 사는 사람이라는 생각이 들지 않을 정도로 요구하는 금액이 적었거든요. 저소득층으로 정부 보조금을 받고 있어도 일을 하고 싶다는 욕구가 강했어요.

"중고 재봉틀을 구입해 옷을 만들고 수선하면서 돈을 벌고 싶어요."

"수레를 하나 사서 멕시코 음식을 팔고 싶어요. 모두 제가 만든 멕시코 음식을 좋아하거든요. 충분히 장사할 수 있어요!"

"강아지를 대신 돌보는 일을 잘해요. 조그맣게 사육장을 만들어 애완견을 돌봐 주는 사업을 하고 싶어요."

유누스는 미국에 사는 사람도 방글라데시 농촌에 사는 아주머니와 다를 바가 없다는 걸 경험했어요. 그라민 은행의 소액 융자는 미국 사람이 이해하기 쉽도록 '선의의 기금'이라는 이름으로 시작되었답니다.

외국뿐 아니라 우리나라에도 그라민 은행을 본 딴 은행이 있어요. 2000년에 문을 연 한국 마이크로 크레디트 '신나는 조합'은 그라민 은행 한국 지부로 시작했어요. 은행을 설립할 때 방글라데시로 직접 가서 연수를 받았대요. 그라민 트러스트Grameen Trust에서 그라민 은행의 시스템을 교육하거든요.

신나는 조합은 그라민 은행처럼 담보와 보증 없이 소액의 금액을 대출해 줘요. 문턱이 높은 금융 서비스를 이용할 수 없는 사람이 사업 자금을 빌리고, 사업 상담을 받기도 해요. 대출 사업에만 그치지 않고 사회적 기업, 협동조합을 지원하는 활동까지 다양한 일을 하죠. 빈곤에서 벗어나려는 사람들을 위한 지원을 아끼지 않는답니다.

우리나라에는 신나는 조합 외에도 사회연대은행 같은 소액 융자 기관이 있어요. 가난에서 벗어나려는 사람의 손을 붙잡아 일어날 수 있도록 돕는 역할을 하지요.

유누스가 꿈꾸는 세상

유누스의 실험이 항상 성공한 건 아니에요. 마을 주민과 갈등을 겪기도 했고, 홍수가 나서 대출 상환이 어려울 때도 많았어요. 그럼에도 유누스는 지치지 않고 가난을 없애는 데 도전하며 그 길을 뚜벅뚜벅 걸어갔어요. 우여곡절 끝에 1983년에 그라민 은행을 만들어 몇십 년이 넘도록 빈곤 현장을 누비고 있는 그는 꿈이 있답니다.

> 가난한 사람, 노숙자, 거리를 헤매는 어린이가 없는 세상을 꿈꿉니다. 그때가 되면 모든 나라에는 빈곤 박물관이 있을 겁니다.
> 모든 사람은 동등한 지위를 가진 세계 시민이 될 겁니다.
> 전쟁, 군대가 사라질 겁니다. 또 핵무기와 대량 학살 무기도 없어질 겁니다.
> 모든 사람이 좋은 품질의 의료 서비스를 받아 어린이가 병에 걸려 사망하는 일은 과거의 일이 될 겁니다.
> 인종, 피부색, 문화, 종교, 성적 취향, 정치적 신념 등에 따른 차별이 없어질 겁니다.

유누스는 이렇게 자신의 꿈을 이야기하면서 다음과 같이 덧붙여

말하곤 해요.

"제 꿈이 적어도 2050년에는 이루어졌으면 하고 소망합니다. 제 꿈이 이루어질 날이 꼭 오겠지요?"

유누스는 그 꿈을 향해 오늘도 전진하고 있답니다. 여러분은 어떤 꿈을 갖고 있나요?

사회를 위한 기업이 필요해

5

Muhammad Yunus

사회 운동가 진로 탐구

유누스처럼
사회 운동가를 꿈꾼다면

사회 운동가는
무슨 일을 하나요?

사회 운동가는 어떤 일을 하는 사람일까요? 아직까지 사회 운동
가라는 직업은 많은 사람에게 친숙하지 않아요. 하지만 사회 운동
가로 활동하는 사람들이 전 세계적으로 점점 늘어나고 있답니다.

1. 사회 운동가가 직업인가요?

사회 운동가로 알려진 사람은 자신의 직업을 어떻게 표현할까
요? 유누스라면 직업을 적는 칸에 '사회 운동가'라고 적기보다는
'그라민 은행장'이라고 쓸 거예요. 반면 참여연대나 녹색연합 같
은 시민 단체에서 일하는 사람은 '사회 활동가'라고 자신을 표현하
기도 해요.

사회 운동가는 특정한 직업이라기보다 사회를 위해 공익적인

활동을 하는 사람을 일컫는 말이랍니다. 더불어 사회가 갖고 있는 문제, 사회에 닥칠 문제를 사람들에게 알리고 실제로 이 문제를 해결하는 방법을 제시하는 사람이에요.

2. 사회 운동가는 어떤 일을 해 왔나요?

사회 운동가는 변화를 요구하는 사람이에요. 사회가 가난한 자와 부자를 차별하면 평등을 외치지요. 소수자_{장애인, 이주민, 청소년 등}라는 이유로 억울한 일을 당하는 사람을 보호하고 지켜 주는 역할도 하고요. 사회 운동의 역사는 아주 멀리까지 거슬러 올라 갈 수 있어요. 조선시대에 노비 제도 폐지를 주장한 사람도 사회 운동가라 할 수 있죠.

보통 사회 운동가는 시민 운동가, 혹은 시민 활동가라는 단어와 함께 쓰여요. 정부나 기업의 편이 아니라 시민의 편에서 자신만의 목소리를 내기 때문이에요. 우리나라의 경우는 시기별로 구분해서 살펴볼 수 있는데, 특히 민주화 운동이 시작된 1970년대부터 시민 운동가라는 용어를 사용하기 시작해요.

모든 사람은 태어날 때부터 평등하다
조선시대 후기, 신분제 폐지를 주장한 사람들

태어날 때부터 양반, 노예 등 신분이 정해져 있다고 상상해 보

동학 농민혁명을 이끌었던 전봉준

세요. 지금은 신분제 사회를 상상하기 어렵지만, 조선시대에는 태어날 때부터 신분이 정해져 있었어요. 그런데 조선시대 후기에 들어서면서 태어날 때부터 부여된 지위를 거부하는 운동이 일어나요. 1897년에는 양반에게 억압당하는 노비를 해방시키자는 운동이 있었어요. 바로 동학 농민혁명이지요.

1863년에 미국 사람들이 흑인 노예 해방을 외친 것처럼 한반도에서도 신분제 폐지에 대한 요구가 컸답니다.

폭력적인 지배에 저항하자
일제 강점기, 독립운동가

유누스는 방글라데시 독립을 위해 미국에서 독립운동을 했죠. 우리나라도 일제의 식민지를 벗어나기 위해 수많은 사람이 독립운동을 했답니다. 일제식으로 이름을 바꾸는 창씨개명, 일본의 왕을 섬기는 천황 숭배를 거부하고 멀리 중국 땅으로 가 독립운동을 한 사회 운동가도 있어요.

광복군을 만들어 독립 운동을 했던 청년들

국민의 목소리를 들어라
독재정권 시대, 민주화 운동을 주도한 학생과 노동자

일본의 패전으로 해
방이 되었지만 한반도
는 남북으로 갈라지게
돼요. 그리고 오랜 기
간 동안 군인이 나라
를 통치했어요. 이때
많은 청소년, 대학생,

민주화 운동에 참여한 사람들의 모습

유누스처럼 사회 운동가를 꿈꾼다면

노동자가 직접 선거권을 요구하면서 시민의 목소리가 반영될 수 있도록 저항 운동을 펼쳤어요. 그 결과, 1987년 6월 항쟁으로 우리나라는 시민의 목소리를 반영하는 사회의 문을 열게 된답니다. 이 시기에 노동, 인권, 통일, 여성 등 다양한 사회 운동이 성장했어요. 그만큼 사회 운동가도 많아졌고요. 사회 운동가를 자처하는 사람이 늘기 시작했지요.

생명, 평등, 평화를 생각해요
산업시대, 소수자 운동을 펼치는 활동가

수많은 사회 운동가와 민주화를 위해 애쓴 사람들 덕분에 헌법에만 보장되어 있던 선거권, 노동권 등 기본적인 권리를 실제로 찾게 되었어요. 그런데 우리 사회는 아직도 소수자에 대한 존중과 배려가 부족해요. 미혼모, 학교 밖 청소년, 이주 노동자에 대해 편견이 많으니까요. 그래서 소수자를 위한 활동을 펼치는 사회 운동가가 있답니다.

사회 운동가가 되려면
어떻게 해야 하나요?

1. 사회 운동가가 되려면
어떤 공부를 해야 하나요?

과학자나 건축가가 되기 위해서는 거쳐야 할 과정이 정해져 있어요. 대학에 가서 관련된 전공을 선택하고 오랫동안 공부를 해야해요. 하지만 사회 운동가는 특정 학과를 졸업해야 하거나 자격증이 꼭 필요한 일은 아니에요. 대신 다양한 배움을 통해서 사회 운동가가 될 수 있답니다. 사회 운동가가 되는 길은 매우 다양해요.

사회 운동가가 되기 위해 중요한 것은, 자신이 어떤 주제나 문제에 관심이 있는지 살펴보는 거예요. 만약 동물에 관심이 많고, 동물을 보살피는 걸 좋아한다면 수의학을 전공해서 동물에게도 권리가 있다는 것을 알리는 사회 운동가가 될 수 있어요. 또 다른 나라에서 불평등하게 차별받고 가난으로 고통받는 아이들을 위해 일하고 싶다면, 사회복지학이나 경제학을 공부해서 이들을 돕는 운동가가 될 수 있지요.

2. 대학교에 있는 학과와 사회 운동의 연결 관계를 알고 싶어요

사회 운동가는 전문성을 지니고 있어야 해요. 정부나 기업에서 환경을 해치는 사업을 할 경우 이를 막을 방법을 찾아야 하는데, 관련된 정확한 분석이나 연구가 있으면 사회 운동가의 발언이 힘을 얻겠지요? 이처럼 법, 회계, 과학, 정책 등 관심 있는 분야에 집중해 전문성을 쌓아 두면 사회 운동가로 활동하는 데 많은 도움이 된답니다. 유누스가 전 세계에 없던 은행을 만들어 낸 것도 경제학이라는 학문을 깊이 공부했기 때문이에요.

환경 문제에 관심이 많다면
생물학, 대기환경공학, 지질학 등 자연과학 관련 전공

최근 들어 지구 온난화, 이상 기후, 원자력 발전소 문제 등 세계적으로 환경 문제가 중요해지고 있어요. 무분별한 개발로 지구가 병들고 있거든요. 그래서 환경에 대한 중요성을 알리고, 무엇이 문제인지 쉽게 설명하는 운동가가 주목받고 있지요.

사회 운동가 중에는 환경 문제에 집중하는 사람이 많아요. 침팬지와 10년간 생활하면서 침팬지 행동에 관한 연구를 한 제인 구달Jane Goodall도 학자이자 사회 운동가예요. 구달은 동물 보호, 자연 보호를 전 세계에서 강연하며 알리고 있어요. 이외에도 사막화 방지를 위해 1,200만 그루의 나무를 심어 유명해진 왕가리 마타이 Wangari Maathai는 생물학과 수의학을 전공했어요. 마타이는 환경운동뿐 아니라 케냐의 민주주의 운동에 공헌한 바를 인정받아 2004년 노벨 평화상을 수상했답니다.

법과 정책을 바로잡고 싶다면
법학로스쿨, 정치외교학, 공공정책학

법과 정책은 우리의 생활에 큰 영향을 미쳐요. 사회 운동가는 국회의원이 내는 정책에 대해 분석하고 바로잡는 역할도 하는데, 이런 일을 하려면 법과 정책을 전문적으로 살펴볼 수 있는 지식이 필요해요. 법학, 정치외교학, 공공정책학 등을 전공하면 전문적인 지식을 쌓을 수 있어요.

여성의 권리에 관심이 있다면
여성학, 정치외교학, 사회학

과거와 비교하면 지금은 여성의 권리가 높아졌지만, 여성과 남성 사이엔 여전히 차별이 존재해요. 여성 인권에 관심이 많고 이러한 활동을 역사적, 사회적으로 공부하고 싶다면 여성학을 전공으로 선택하면 돼요. 하지만 아직 우리나라에는 여성학과가 드물어요. 그래서 정치외교학, 사회학을 공부하며 폭넓게 사회 문제를 바라보면서 세부 주제로 여성 인권을 선택할 수 있답니다.

나라 간의 문화적 차이가 궁금하다면
문화인류학, 사회학, 신문방송학

일본 오키나와의 언어, 아프리카 케냐에 사는 원주민 부족의 문화 등 다른 나라 문화에 관심이 많은 친구가 있을 거예요. 우리나라에도 외국인이 150만 명 넘게 살고 있으니 다문화 사회에 접어들었다고 할 수 있죠. 다른 문화가 서로 충돌하는 것을 지혜롭게 풀기 위해서는 각 나라의 문화적 배경을 파악해야 해요.

나라 간의 문화적 차이에 관심이 많다면 문화인류학, 사회학을 전공으로 선택할 수 있어요. 이 전공은 장애인, 동성애자 등 소수자에 대한 시각을 넓히는 데 도움이 된답니다. 또 이들의 상황을 알리는 미디어 활동가가 될 수도 있어요. 이때는 미디어를 집중적으로 다루는 신문방송학과에서 기본 지식을 쌓을 수 있어요.

독특한 기업을 만들고 싶다면
경영학, 협동조합경영학

사회 운동가 중에서도 기업을 운영하는 사람이 있겠죠? 유누스처럼 말이에요. 회사를 운영하는 데는 사업 전략, 마케팅, 직원 관리 등 다양한 전문 지식이 필요해요. 사회 운동가의 활동에는 저소득층의 난방비를 줄여 주기 위해 텐트를 만드는 일도 포함될 수 있어요. 또 장애인을 직원으로 고용해 쿠키를 만들어서 일자리를 창출하는 회사를 차릴 수도 있지요. 사회 문제를 기업을 통해 해결하고 싶다면 경영학이나 협동조합경영학이 도움이 돼요.

대학에 가지 않고 공부하고 싶다면
대안 학교, 인문학 배움터

반드시 대학에 가지 않더라도 사회 운동가로 성장할 수 있는 길은 다양하답니다. 실제로 사회 운동가 중에 대학을 나오지 않은 사람도 많아요. 대학을 다니다 가치에 맞지 않아 중퇴한 경우도 있고요. 대안 학교, 인문학 배움터 등을 통해 보다 다양한 경험을 쌓고 사회를 보는 눈을 키울 수 있어요.

사회 운동가를 위한 대학원 과정

성공회대학교 NGO 대학원 gsngo.skhu.ac.kr
성공회대학교 협동조합 대학원 과정

성공회대학교 NGO 대학원은 사회 운동가로 활동하는 사람에게 전문적인 지식을 전달하기 위해 설립됐어요. 비정부기구학, 실천여성학, 정치경제학, 정치정책학, 생명평화종교 NGO 전공으로 과정이 나뉘어 있지요. 시민 단체 활동가일 경우에는 장학금도 지급된답니다. 성공회대학교 협동조합 대학원 과정도 NGO 대학원과 비슷한 역할을 해요. 협동조합에 관심이 있거나 협동조합에서 일하는 활동가를 위한 배움터예요. 장학금, 해외 탐방 기회가 제공되지요.

경희대학교 공공대학원 pnc.khu.ac.kr

사회복지, 시민사회와 NGO, 국제협력 등 다양한 분야를 공부할 수 있어요.

한양대학교 공공정책 대학원 gspp.hanyang.ac.kr

시민사회 전공이 학과로 개설되어 있어요. 사회운동, 자원봉사, 사회적경제, 국제개발 등 시민사회의 역할을 깊게 탐구할 수 있답니다.

3. 사회 운동가로 첫 걸음을 내딛기 위해
   무엇부터 시작하면 좋을까요?

질문을 던지자

　사회 운동가가 되려면 행동하기 전에 질문을 던지는 것부터 시작해 보세요. 무작정 나서서 사회 문제에 목소리를 높이기보다는 무엇이 문제인지 살피는 연습을 하는 거예요. 사실 사회 운동이라는 일도 마찬가지죠. 사회 운동은 '사회' 그리고 '운동'이라는 어려운 단어의 조합이잖아요. 그렇다면 한번 이 단어에 대해 질문을 던져 보는 거예요.

　　사회는 무엇일까?

　　사람들이 모여 사는 것만으로 사회가 만들어졌다고 할 수 있을까?

　　사회와 국가의 차이점은 무엇일까?

　　어떤 요소가 있어야 사회가 되었다고 할 수 있을까?

　　직업과 운동은 어떤 차이가 있을까?

　　운동은 어떤 일이나 사람을 반대하는 걸 뜻할까?

　　나는 무슨 운동을 해야 할까?

　　갑자기 질문을 던지라고 하니 조금 어렵게 느낄 수도 있어요.

그럼에도 사회 운동가는 우리가 살아가는 사회에 어떤 문제가 있는지 관찰하고 이를 변화시키는 사람이기 때문에, 잘 살피고 잘 질문해야 해요.

자원 활동부터 시작해 보자

만약 시민 단체라고 불리는 곳에 찾아가는 게 익숙하지 않다면 집이나 학교 근처에서 자원 활동부터 시작해 보세요. 자원 활동에는 다양한 영역이 있어요. 혼자 사는 어르신에게 반찬을 가져다주는 일도 있고, 학원에 가기 어려운 아이들을 위한 공부방 자원 교사가 될 수도 있어요. 주위를 둘러보면 '내'가 할 수 있는 일이 많답니다. 자원 활동을 하면 사회에서 소외된 곳, 우리가 외면하는 사람들을 접하게 돼요. 이런 경험을 하면서 사회가 어떤 곳인지 알아 가는 것부터 시작해 봅시다.

시민 단체에서 활동하자

계속 질문하는 연습을 하면서 자원 활동도 하고 있다면, 이제 행동으로 들어갈 차례예요. 사회 운동가를 가장 많이 만날 수 있는 곳은 바로 시민 단체랍니다. 시민 단체는 말 그대로 시민이 만든 단체예요. 시민이 자발적으로 낸 회비를 바탕으로 단체를 만들어요. 노동, 주거, 교육, 환경 등 자신의 관심사에 따라 함께 모여

참여연대가 마련한 청소년 테이블 토크

단체를 만드는 거예요.

관심 있는 주제를 인터넷에서 한번 검색해 보세요. 그러면 가까운 곳에 있는 시민 단체를 쉽게 찾을 수 있을 거예요. 주저하지 말고 시민 단체의 문을 두드리세요. 시민 단체는 언제나 자신들에게 관심 있는 사람을 만날 준비가 되어 있으니까요. 시민 단체에서 활동하면서 사회 운동가가 어떻게 일을 하는지 살펴볼 수 있고, 직접 사회 문제에 참여하는 경험도 쌓을 수 있답니다.

유누스처럼 사회 운동가를 꿈꾼다면

시민 단체에 대한 정보는 어디서 찾을 수 있나요?

시민사회단체 연대회의 www.civilnet.net

대부분의 시민 단체가 가입해 정보를 주고받는 곳이에요. 홈페이지를 방문해서 각자 관심사에 맞는 시민 단체를 찾아봅시다. 그리고 시민 단체에서 여는 다양한 행사, 토론회, 캠페인에 참여해 활동의 폭을 넓혀 보는 건 어떨까요?

서울시 NPO 지원센터 www.seoulnpocenter.kr

아마 NPO라는 단어를 처음 접한 친구가 많을 거예요. NPO는 Non Profit Organization의 약자예요. '비영리 단체'라는 뜻이죠. 비영리 단체란 말 그대로 영리 사업, 수익을 내지 않는 사업을 하는 단체를 말해요. 난민이나 이주 노동자의 인권을 향상시키는 활동은 물건을 만들어 파는 일과는 전혀 다른 일이잖아요. 수익은 나지 않지만 사회에 꼭 필요한 목소리를 전하는 일을 하는 단체를 NPO라고 해요.

이러한 비영리 단체를 지원하고, 단체에서 일하는 사람에게 교육을 제공하기 위해 서울시에서 NPO 지원센터를 만들었어요. 사이트에 들어가면 서울시에 위치한 단체 외에도 사회 운동가 혹은 사회 운동가가 되기 위해 준비하는 사람을 위한 다양한 프로그램이 무엇인지 알 수 있어요.

광주 NGO 센터 www.ngocity.org

광주 NGO 센터도 서울시 NPO 지원센터와 비슷한 역할을 하는 곳이에요. NGO는 Non Government Organization의 약자예요. '비정부 기구'라고 부른답니다. 보통 시민 단체를 말할 때 우리나라에서는 NGO라는 용어를 자주 써요.

광주 NGO 센터는 공익적 활동을 위한 정보와 지원금을 제공하고 있어요. 시민 단체를 준비하는 사람들이 자유롭게 모여 회의할 수 있도록 공간을 내주기도 해요. 또 사회 운동을 지원하는 교육, 연수, 지원 사업에 대한 정보를 한 곳에 모으기 때문에 다양한 자료를 만날 수 있답니다.

사회 운동과 관련된
단체와 회사를 알려 주세요

정부 정책에 관심이 있다면
참여연대, 경제정의실천시민연합

참여연대www.peoplepower21.org는 1994년에 설립한 시민 단체로, 참여와 인권이 보장되는 사회를 만들기 위해 탄생했어요. 1만 3,000여 명이 회원으로 활동하고 있지요. 부정부패 척결 운동, 바른 정치인을 뽑기 위한 낙천 낙선 운동, 평화 운동 등을 펼치고 있어요. 참여연대가 발행하는 성명서나 보고서는 정부 정책에 영향을 미칠 만큼 중요한 역할을 한답니다.

경제정의실천시민연합경실련. www.ccej.or.kr은 이름 그대로 한국 사회의 경제 정의와 그 실천을 위해 만든 시민 단체예요. 1989년에 시작해서 지금까지 이어 오고 있으니, 사회 운동의 선배라 할 수 있

참여연대가 국회 앞에서 국가 장학금 예산을 늘려 달라는 기자 회견을 하고 있어요.

어요. 국회의원이 국회에서 일을 잘하고 있는지 감시하고, 값비싼 아파트 가격의 거품을 빼기 위한 운동을 벌이기도 해요.

환경을 지키고 생명을 보호하는 일을 하고 싶다면
녹색연합, 환경운동연합

우리나라에서 환경 운동이 처음 펼쳐진 건 1960년대였어요. 이 때 산업화 시대가 시작되면서 울산, 여천 같은 지역에 공장이 들어섰는데, 그 지역에 사는 사람들이 공장 폐수나 공해 때문에 피해를 입게 되었죠. 문제가 심각해지자 1982년에 공해 추방을 목

국회의원과 함께 4대강 현장을 탐방하는 환경운동연합

적으로 한국공해문제연구소가 세워진 것이 환경 운동의 시작이에요. 그 이후 1992년에 브라질 리우데자네이루에서 유엔 환경개발회의가 열렸는데, 정부가 시민 운동가로 구성된 대표단을 보내면서 환경 문제에 관심을 갖는 사람이 많아져요.

　녹색연합www.greenkorea.org은 1991년에 시작되었고, 야생동물 보호 운동, 습지 보존 운동 등 생태 분야에서 활발히 활동하고 있어요. 1993년에 만들어진 환경운동연합www.kfem.or.kr은 핵폐기물 반대, 동강댐 백지화 등 환경 정책을 감시하는 역할을 맡아요.

소외받는 사람을 돕는 법조인이 되고 싶다면
민주사회를 위한 변호사 모임, 공감

사회 운동가라 불리는 이들 중에는 법을 공부한 사람이 많아요.
남아프리카 공화국의 민주화와 피부색에 관계없이 평등한 세상을
위해 애쓴 넬슨 만델라Nelson Mandela도 변호사 출신이에요. 또 영국
에 지배당하던 인도의 독립운동을 이끌었던 마하트마 간디Mahatma

민주사회를 위한 변호사 모임이 만든 고문방지협약 이행에 관한 만화

Gandhi도 변호사였어요. 사회 운동을 한 변호사들은 돈을 많이 버는 길로 갈 수도 있었지만, 그보다는 부조리한 일을 바로잡기 위해 노력했어요. 우리나라에도 이런 활동을 펼치는 단체가 있답니다.

민주사회를 위한 변호사 모임민변, www.minbyun.org은 1988년에 인권 문제를 주로 담당하는 변호사 40여 명이 만들었어요. 한국 인권 운동의 시작이라 할 수 있지요. 공장 노동자같이 형편이 어려운 사람의 억울한 사정을 들어 주고, 사회에서 소외된 사람을 변호하는 역할을 맡고 있답니다. 공익인권법재단 공감www.kpil.org은 우리나라 최초로 공익 활동만 하는 변호사 단체예요. 장애인, 여성, 이주민, 난민, 아동, 노인 등 소외된 사람들을 변호하지요.

피부색에 차별받지 않는 평등한 세상을 꿈꾼다면

MWTV, 난민인권센터

이제 우리나라에서 외국인을 보는 일은 그리 낯설지 않죠? 이주 노동자, 결혼 이주 여성, 난민 등 다양한 나라에서 온 외국인이 참 많아요. 다양한 문화를 배울 수 있어서 좋은 점도 있지만 갈등도 일어나지요. 그래서 2000년대 초부터 피부색에 따른 인종 차별을 반대하고, 외국인 노동자나 난민의 인권을 위해 활동하는 단체가 생겼어요.

이주민 방송 MWTVwww.mwtv.or.kr는 이주민과 한국인이 함께 만

유누스처럼 사회 운동가를 꿈꾼다면

드는 미디어 운동 단체예요. 방글라데시, 미얀마, 필리핀, 몽골 등 다양한 나라의 언어로 뉴스를 제작하고, 이주민 영화제를 개최하기도 해요. 난민인권센터www.nancen.org는 자국에서 억압과 박해를 받아 한국으로 건너온 외국인을 도와준답니다. 난민으로 인정받는 법적인 문제에서 난민에 대한 부정적인 인식을 바꾸는 일까지 다양한 활동을 펼치고 있어요.

밥 한 그릇의 소중함과 농사의 중요성에 공감한다면
한살림, 아이쿱생협, 두레생협 연합

우리는 매일 밥을 먹어요. 쌀, 야채, 고기 등 우리가 먹는 음식은 어디서 온 걸까요? 먹거리와 농사에 관심이 많다면 오랫동안 협동조합 운동을 이어 온 한살림, 아이쿱생협, 두레생협 연합에 관심을 가져 보세요.

한살림www.hansalim.or.kr은 도시와 농부를 직접 이어 주는 역할을 해요. 그리고 쌀 하나에 온 생명이 들어 있다는 생명 운동, 살림 운동도 함께 펼치고 있어요. 아이쿱생협www.icoop.or.kr과 두레생협 연합www.ecoop.or.kr도 올바른 먹거리, 농민의 소중함을 알리고 있답니다. 자주 가는 곳 근처에 매장이 있다면 한번 방문해 보세요.

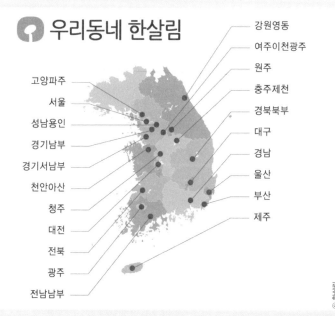

우리동네 한살림

강원영동
여주이천광주
원주
충주제천
경북북부
대구
경남
울산
부산
제주

고양파주
서울
성남용인
경기남부
경기서남부
천안아산
청주
대전
전북
광주
전남남부

ⓒ 한살림

우리 동네에도 한살림이 있어요. 홈페이지에서 가까운 한살림 매장을 찾아보세요.

사회 운동가를 지원하는 사람들이 있나요?

사회 운동가를 떠올리면 어쩐지 월급이 적을 것 같죠? 그래서 사회 운동가가 되고 싶다는 생각을 꿈으로만 간직하기도 해요. 하지만 전 세계에는 수십만 명의 사회 운동가가 있고, 이들도 사회인으로서 자리 잡고 살아가고 있어요. 사회 운동가의 활동을 지지하고 응원하는 사람들 덕분이에요.

회원

시민 단체는 단체가 하는 일과 그 가치에 동의하는 사람들이 정기적으로 내는 회비를 활동비로 써요. 정식 회원이 되면 단체에서 일어나는 일을 메일, 소식지, 문자로 받아볼 수 있고, 함께 활동에 참여할 수 있어요.

후원과 기부

회원으로 계속 활동하기가 부담스럽다면 후원이나 기부는 어떨까요? 후원과 기부는 돈으로 할 수도 있고 물건이나 재능으로도 할 수 있어요. 이를테면 먹을거리나 사무용품을 전달해도 되고, 디자인 등에 소질이 있다면 단체에 재능 기부를 할 수도 있답니다.

기금과 재단

후원과 기부가 모여 특정 주제와 관련된 기금을 만들기도 해요. 재단과 달리 규모가 작지만 알찬 내용으로 시민 운동가를 지원하는 기금이 있답니다. 2014년 초에 '아시아 민주주의 인권 기금'이 만들어졌어요. 이 기금은 1970년대 유신 독재 시절, 민주화 운동을 하다 억울하게 감옥에 간 피해자들약 1200명이 국가로부터 배상을 받은 돈을 모아서 만들었지요. 아시아의 민주주의, 인권 향상을 위한 교육 및 출판 등에 지원된답니다.

더불어 사회 운동가를 지지하고 격려하는 재단의 도움을 받을 수도 있어요. 재단에서는 사회 운동가를 위한 활동비 지급, 교육 연수 등 다양한 방식으로 도움을 주고 있어요. 우리나라에서는 대표적으로 '아름다운 재단www.beautifulfund.org'이 그 역할을 맡고 있답니다. 또 재활용품으로 자원의 선순환을 만드는 '아름다운 가게www.beautifulstore.org'

에서는 기금을 마련하여, 사회를 긍정적으로 바꾸는 '뷰티풀 펠로우beautifrl fellow'를 선정해 전폭적인 지원을 하고 있어요.

세계적으로 널리 알려진 재단도 있답니다. 아쇼카 재단www.ashoka.org은 세상을 바꾸는 아이디어를 가지고 이를 직접 실천하는 사람들을 찾아 지원하고 있어요. 매년 창의성, 윤리성, 사회적 영향력 등을 기준으로 아쇼카 펠로우를 선정해요. 이들에게 활동비, 컨설팅, 교육을 지원하고요. 스콜 재단www.skollfoundation.org은 기후, 빈곤, 분쟁 문제를 독특한 아이디어로 해결하는 사람들에게 아름다운 재단, 아쇼카 재단과 같이 지원하고 있어요.

기업의 사회적 공헌과 정부 지원금

기업의 사회적 공헌은 기업이 낸 수익 중 일부를 공익적인 활동에 쓰는 걸 뜻해요. 정부와 기업이 해결하지 못하는 부분을 사회 운동가가 하고 있는 경우가 많으니까요. 그래서 기업은 이러한 활동에 사회 공헌 자금을 지원하고 있답니다. 더불어 정부에서도 일정 예산을 편성해 사회 운동가와 시민 단체를 지원하는 사업비영리민간단체 지원을 펼치고 있어요.

본받을 만한
사회 운동가를 알고 싶어요

인권 변호사 · 소셜 디자이너

박원순(1956~)

2011년, 2014년에 서울시장으로 당선되어 정치인으로 활동하고 있는 박원순 선생님은 대표적인 사회 운동가로 알려져 있어요. 군사 독재 시절에 민주화 운동을 했으며, 변호사가 된 뒤 노동자, 민주화 운동가 등을 변호하는 인권 변호사로 활동했어요. 이후 '소셜 디자이너Social Designer'라는 직업을 직접 만들어, 세상을 바꾸는 다양한 현장을 살펴보고 우리나라에도 적용하는 일을 했답니다. 참여연대, 희망제작소, 아름다운 가게, 아름다운 재단 등을 만드는 데 주도적인 역할을 했어요.

참고자료

박원순, 《마을에서 희망을 만나다》, 검둥소, 2009.

《독일사회를 인터뷰하다》, 논형, 2005.

한살림 생명 운동가

장일순(1928~1994)

강원도 원주에서 도시 주민과 농촌 농민을 잇는 한살림 운동을 처음 시작한 분이에요. 서울에서 학교를 다니다 고향인 원주로 와 배움의 공간이 부족한 지역에 대성학교를 세우고 교장을 맡기도 했어요. 홍수로 큰 피해를 입은 원주 지역을 위해 활동하다가 신용협동조합 운동을 뿌리 내렸어요. 뭇 생명이 소중하다는 생명 사상과 더 낮은 곳에 있는 사람을 위하는 운동을 널리 알렸답니다.

참고자료

장일순, 《나락 한 알 속의 우주》, 녹색평론, 2009.

대안학교 교장

양희규(1959~)

간디 학교라는 대안학교를 만들어 다양한 교육 방식을 사회에 알리는 역할을 하고 있어요. 인도의 독립 운동가이자 지도자인 간디의 사상을 실현시키기 위해 '간디 청소년 학교'를 설립했어요. 국어, 영어, 수학 등 성적과 대학에 매달리는 학습보다는, 배움과 실천이 함께하는 배움터 만들기를 하고 있어요. 금산, 산청, 필리핀 등에서 중학교와 고등학교가 운영되고 있답니다.

참고자료

양희규, 《꿈꾸는 간디 학교 아이들》, 가야넷, 2005.

《10대, 너의 배움에 주인이 되어라》, 글담출판사, 2012.

여성 인권 활동가

마쓰이 야요리(松井やより, 1934~2002)

일본인인 마쓰이 야요리는 〈아사히 신문〉 기자예요. 저개발국, 민주화 현장 등을 취재하다가 일본 위안부 문제를 알게 되었죠. 일본이 다른 나라를 침략하고 식민지를 만들 때 군인들을 위해 한국 및 아시아 여성

을 강제로 데려와 성노예를 시킨 일 말이에요. 이 일에 충격을 받은 그녀는 2000년 도쿄에서 열린 여성국제전범 법정을 이끌며 일본이 아시아 곳곳에 끼친 만행을 알려 유죄 판결을 받도록 했어요. 이후 일본 위안부의 기록을 모아 WAMWomen's Active Museum, www.wam-peace.org이라는 작은 박물관도 만들었답니다.

참고자료

마쓰이 야요리, 《여성이 만드는 아시아》, 알음, 2005.

공정 여행 활동가

스리 시스터스3sisters- 러키, 디키, 니키 자매

(Lucky Chhetri 1964~ , Dicky Chhetri 1968~ , Nicky Chhetri 1970~)

러키, 디키, 니키는 네팔에 사는 자매예요. 네팔은 히말라야가 있는 곳이죠. 굽이굽이 산맥이 이어져 있기에 매년 수많은 관광객이 네팔에 있는 산에 올라요. 짧으면 3일, 길면 한 달이 넘게 트레킹을 하는데, 이때 부유한 나라에서 온 관광객의 짐을 대신 드는 포터나 가이드가 동행해요. 러키, 디키, 니키는 스리 시스터스 게스트 하우스와 시민 단체

'스리 시스터스 어드벤처 트레킹www.3sistersadventure.com'을 만들어 포터나 가이드가 공정한 임금을 받을 수 있도록 지원한답니다.

더 중요한 것은 여성들에게 전문적으로 트레킹 가이드 직업 훈련을 받게 해서, 일자리를 얻도록 하는 거예요. 이들의 독특한 아이디어는 여행 문화에 대한 새로운 시각을 갖도록 해주지요.

참고자료

임영신 · 이혜영,《희망을 여행하라》, 소나무, 2009.

김이경 · 주세운,《희망을 찾아 떠나다》, 소나무, 2010.

무료 병원 설립가

고빈다파 벤카타스와미(Govindappa Venkataswamy, 1918~2006)

인도의 안과 의사 고빈다파 벤카타스와미는 백내장으로 고통 받는 가난한 사람을 위해 '아라빈드 안과 병원'을 만들었어요. 이곳은 백내장 수술을 전문으로 하는데, 놀랍게도 병원비는 무료예요. 다만, 전체 환자의 3분의 1에게는 제값을 받고, 3분의 2는 무상으로 치료해요.

그는 값비싼 미국산 인공 수정체를 사용하면 수술비를 줄일 수 없다고 판단했어요. 그래서 실험을 거듭한 끝에 직접 인공 수정체를 생산하는 데 성공했답니다. 덕분에 수술비용을 낮추게 되었어요. 그는 백내장 수술의 '맥도날드화'를 추구했어요. 많은 사람이 쉽고 빠르게 수술을 받을 수 있도록 하겠다는 거죠.

도움받은 책과 자료

• 김이경 · 주세운, 《희망을 찾아 떠나다》, 소나무, 2010.

• 데이비드 본스타인, 김병순 옮김, 《그라민 은행 이야기》, 갈라파고스, 2009.

• 무함마드 유누스, 정재곤 옮김, 《가난한 사람들을 위한 은행가》, 세상사람들의
책, 2002.

• 무함마드 유누스, 김태훈 옮김, 《가난 없는 세상을 위하여》, 물푸레, 2008.

• 실뱅 다르니 외, 민병숙 옮김, 《세상을 바꾸는 대안기업가 80인》, 마고북,
2006.

• 이경숙, 《산타와 그 적들》, 굿모닝미디어, 2013.

• 페터 슈피겔, 홍이정 옮김, 《가난 없는 세상을 꿈꾸는 은행가》, 좋은책만들기,
2007.

• 그라민 은행 홈페이지 www.grameen-info.org

• 유누스 센터 www.muhammadyunus.org